Une vie positive

Laureline Amanieux

Une vie positive

S'ouvrir à la force bénéfique des mythes

PAYOT

Retrouvez l'ensemble des parutions
des Éditions Payot & Rivages sur

www.payot-rivages.fr

Ce livre est publié avec l'accord de l'agence Augures.

INTRODUCTION

Vous pensez avoir les mains vides face aux difficultés de votre existence personnelle ou professionnelle, face aux incertitudes, ou à une sensation de malaise dans la société.

Quand vous vous sentez bloqué, une histoire bénéfique vous aide à résoudre votre problème spécifique.

Tout athlète doit avoir un entraîneur, tout élève un professeur. Les mythes sont notre coach moderne. Au fil de votre avancée dans ce livre, je vous en raconterai beaucoup et je vous présenterai des héros inspirants, divins ou humains, issus de ces récits.

Commençons par le dieu grec Kairos ! Son nom désigne un moment clef, quand une situation se trouve sur le point de basculer, quel que soit le domaine (technique, médical, militaire, sentimental, etc.).

Tout dépend alors d'un geste à accomplir aussitôt, d'un mot, d'une pensée... Aucune hésitation n'est plus possible. Dans la vie courante, Kairos se traduit par cette formule : « Maintenant est le bon moment pour agir. »

Ce dieu se présente comme un jeune homme. Il possède une unique touffe de cheveux sur la tête. Selon le mythe, il passe tout près de vous à plusieurs reprises. Trois possibilités s'offrent à vous : soit vous ne l'apercevez pas, soit vous le voyez mais vous ne faites rien, soit vous attrapez sa touffe de cheveux avec vos mains.

Saisir Kairos, c'est saisir une opportunité de changer votre vie en un instant ! Ou quand tout ne tient qu'à un cheveu... et à vous-même.

À mon tour, je vous invite à accueillir la force bénéfique des mythes, pour prendre en main votre sort et qu'il bascule vers le meilleur.

Mais qu'est-ce qu'un mythe exactement ? Le mythe vous raconte une histoire sacrée, qui se déroule dans le temps fabuleux des origines. Il met en scène des êtres divins, surnaturels, parfois des héros humains aux exploits extraordinaires. Sous une forme symbolique, il vous souffle des réponses sur votre rapport à l'environnement et sur les problèmes de votre existence.

Il existe une vision religieuse du mythe lorsque celui-ci fonde une croyance spirituelle, et une vision sceptique lorsqu'il est synonyme de naïveté ou d'illusion collective. Aucune de ces positions ne forme la mienne dans ce livre. La littérature ne sera jamais loin de nous, à travers les versions écrites des mythes, mais je vous en propose surtout une approche dynamique, inspirée par la psychologie humaniste, qui recherche le développement du potentiel de chacun.

Comment vivre de manière positive ? Les mythes ne vous prodiguent pas seulement une sagesse. De telles histoires vous font réellement réagir parce qu'elles touchent vos émotions. Elles vous motivent. Elles développent votre souplesse d'esprit et l'endurance dans vos actions.

Un mythe efficace vous enjoint à choisir la vie en toutes circonstances et vous ouvre des directions inexplorées.

Développer une vie positive, c'est la rendre affirmative, apporter des progrès favorables à votre quotidien, dans vos expériences les plus concrètes, ainsi qu'à la société, même à une petite échelle.

Afin de donner des exemples en ce sens, reliés aux mythologies, j'ai interrogé des dizaines de personnes sur leurs héros favoris et leurs choix existentiels, de toutes origines et âges, hommes et femmes. Elles m'ont généreusement permis de les citer tout au long de ce livre, et je les en remercie.

Maintenant, tenez fermement la mèche du dieu Kairos, même dans ces moments sombres où vous vous sentez paralysé, et je vous promets que vous irez mieux. Maintenant, c'est le bon moment pour agir.

CHAPITRE PREMIER

Identifiez votre bonheur grâce aux mythes

Pour rendre votre vie positive, vous avez besoin d'identifier la source de votre bonheur. Quel est votre désir profond ? La réponse est différente pour chacun d'entre vous. Avez-vous un rêve ? Est-ce que vous l'écoutez pour en faire un objectif réel ou est-ce que vous l'étouffez ? Les mythes vous offrent histoires et symboles pour vous guider.

Comme les chamans, écoutez votre voix intérieure

C'est la première étape. Découvrez votre désir profond, celui qui vous rendra vraiment heureux. Les chamans d'Amérique du Nord vous apprennent à écouter votre voix intérieure.

Dans cette mythologie, souvent une jeune personne se promène dans un lieu naturel isolé, ou près d'un rivage, quand soudain elle entend une petite musique et des voix qui lui indiquent sa destinée : devenir chaman pour soigner les maladies.

Un grand médecin de la tribu des Sioux, Élan noir, raconte ainsi qu'à cinq ans, il longeait un ruisseau, un jour d'orage, quand il entendit un oiseau lui dire : « Écoute ! Une voix t'appelle ! » Puis il regarda les nuages, et deux hommes apparurent. Ils chantèrent pour lui un chant sacré tandis que le tonnerre roulait comme un tambour. Ces voix revinrent régulièrement, jusqu'à l'âge où elles lui transmirent un enseignement sur sa mission de guérisseur.

Dans cette histoire, les « voix » surnaturelles symbolisent votre petite voix intime, celle qui vous indique votre voie personnelle, celle qui surgit du fond de votre inconscient. Carl Gustav Jung pense que notre inconscient ne contient pas que des traumatismes refoulés : il nous délivre une sagesse.

Allez-vous suivre cette voix intérieure ou allez-vous l'ignorer ? Elle résonne en vous comme une musique entraînante ; elle chante votre désir le plus profond. Le spécialiste des mythologies Joseph Campbell déclare : « Les personnes qui ont la sensation qu'elles doivent suivre la musique doivent rester avec ça. Ça peut vous donner une vie solitaire, mais c'est votre vie, [...] je suis certain que dans notre monde où nous mettons l'accent sur le succès et toutes ces choses, la chanson est entendue et oubliée aussitôt par les jeunes gens. C'est rater l'aventure. »

Voici un exercice efficace pour identifier votre désir véritable : écrivez votre épitaphe réelle et votre épitaphe rêvée. L'épitaphe représente cette petite phrase inscrite sur la tombe d'une personne pour résumer son existence.

Par exemple, une épitaphe réelle pour un homme de quarante-cinq ans, nommé Alexandre, est la suivante : « Alexandre s'est conduit en bon père de famille et a soutenu les projets de son épouse. » Puis il écrit son épitaphe rêvée, c'est-à-dire ce qu'il souhaiterait : « Alexandre a été un inventeur. » Cet homme ne sait pas encore ce qu'il veut inventer, mais c'est son désir le plus profond. Il dessine des objets insolites sur des morceaux de papier. Or son épitaphe réelle ne fait pas mention de ses désirs personnels, mais uniquement de devoirs accomplis.

Quel bénéfice trouvez-vous dans un quotidien qui ne vous convient pas ? Vous jouissez d'un certain confort dans une situation bien connue. Quand on entre dans l'inconnu, c'est en effet... très inconfortable ! Pourtant, cela en vaut la peine.

L'aventurière anglaise Roz Savage s'amusa avec ce jeu de l'épitaphe vers trente ans pour répondre à la question : « Que vais-je faire de ma vie ? » Elle écrivit son épitaphe réelle : « A accompli une belle carrière professionnelle » et son épitaphe rêvée : « Est devenue une aventurière. » Lorsqu'elle vit l'écart entre les deux, elle se dit : « Je me suis complètement trompée de chemin. Je ne serai jamais arrivée où je veux à la fin de mes jours ! »

Roz Savage quitta son métier, financièrement avantageux, pour accomplir son rêve : vivre en aventurière. Elle mit du temps ensuite à concrétiser son désir. Finalement, elle traversa l'Atlantique à la rame, en solitaire, après s'être entraînée et équipée. Son slogan était alors : « Cessez de dériver, commencez à ramer ! »

Comme Roz Savage, vous seul décidez de votre chemin.

D'autres exercices vous aideront. Vous possédez peut-être un tempérament conquérant et, pour vous, tout passe par l'action. Réfléchissez alors : quand vous êtes-vous senti pleinement vivant ? À quelle occasion votre être s'illumine-t-il de l'intérieur ? Pensez à des sujets dont vous parlez avec les yeux brillants, avec la voix émue.

Faites une liste par écrit au besoin, et procédez par élimination jusqu'à déterminer le désir le plus essentiel à vos yeux, en fonction de l'âge que vous avez. Ce qui vous tient à cœur à vingt ans n'est pas forcément ce que vous souhaitez à soixante ans. Chaque individu conçoit le bonheur d'une façon différente, puis celui-ci évolue selon ses priorités.

Ou vous avez peut-être un caractère plus méditatif, et vous vous placez dans un état d'attente ; vous ouvrez grandes vos oreilles, comme un radar, pour recevoir un message de votre voix intérieure : vous vous écoutez. Vous vous placez dans une forme de « non agir » afin de laisser la réponse surgir.

Par exemple, Maria a la quarantaine ; elle médite régulièrement, attendant qu'une réponse à ses questions vienne du plus profond d'elle-même : « C'est un état d'attente, de réceptivité, quand tout ton être est en accord avec toi-même, avec l'univers. C'est un état d'harmonie, de bien-être où tout est souple. Dans ces moments de lucidité, l'inspiration arrive toute seule et une voix très sage te parle tout doucement à l'oreille, parle à ton cœur comme une dictée : elle te dit ce qui est le mieux, ce qui est juste pour toi en ce moment. »

Dans son enfance, Maria avait des passions différentes et beaucoup d'énergie à dépenser, mais elle fut rapidement surmenée par l'intensité de son emploi du temps : la danse, la musique, la patinoire, et l'école... Elle effectua un choix douloureux pour déterminer sa voie, car elle aimait tout autant chacune de ces activités. Elle prit plusieurs jours pour réfléchir, pesant le pour et le contre, puis la réponse s'imposa à elle comme une évidence lumineuse : son existence serait liée à la musique.

Voici comment elle analyse son choix final : « Pourquoi ? Parce que, chez les danseuses, il y aura un moment où le corps vieillira alors que la musique sera toujours avec moi. J'ai donc continué uniquement la musique avec une grande joie et sans regrets. » Le monde autour d'elle devint cohérent, car elle lui attribuait un sens précis. Une autre personne aurait choisi de se consacrer à la danse, pour d'autres raisons.

La vie prend une tournure positive quand vous lui donnez un sens.

Si, après ces exercices, vous n'avez pas encore identifié votre désir, ne vous jugez pas pour autant. La réponse ne vous vient pas pour l'instant. Gardez juste la question ouverte en vous, revenez-y, observez vos rêves nocturnes pour voir si votre inconscient vous envoie des indices, tournez-vous vers vos souvenirs d'enfance pour retrouver une ancienne passion, écartée à l'âge adulte...

L'état de recherche, c'est une manière de tendre vers votre bonheur. Donnez-vous le temps de choisir votre voie professionnelle en essayant de multiplier les stages dans différents domaines, ou entamez une thérapie si vous éprouvez des blocages personnels douloureux.

« Pour l'instant, vivez les questions. Peut-être, un jour lointain, entrerez-vous ainsi, peu à peu, sans l'avoir remarqué, à l'intérieur de la réponse », écrit le poète Rainer Maria Rilke.

Soyez un sourcier en quête de vos émotions

Quand vous entrez à nouveau en contact avec vos émotions les plus fortes et les plus personnelles, sans en avoir peur ou sans les rejeter, vous vous approchez du désir qui vous tient à cœur.

Imaginez que vous êtes en quête de votre propre source. Dans la mythologie européenne, les sourciers tiennent dans leurs mains une baguette de noisetier à deux branches, qui aurait la capacité de détecter, grâce à des vibrations, l'eau cachée dans les sous-sols, afin de désigner l'emplacement d'un puits. On creuse alors à l'endroit indiqué par la baguette, et l'on fait jaillir une source. À l'aide des vibrations de vos émotions, vous recherchez à votre tour une eau vive cachée au fond de vous.

Votre bonheur, ce sera votre travail, une passion artistique ou technologique en dehors de votre profession, un loisir ou une relation humaine... L'essentiel est qu'il jaillisse dans votre quotidien.

Il vous faudra alors gratter la terre, enlever un rocher qui l'empêche de s'écouler, ou même creuser très en profondeur en vous-même. Cette source se cache depuis longtemps au fond de vous, mais une chose est sûre, elle n'est jamais tarie. Peu importe le nombre de sédiments accumulés par les années écoulées, votre source reste pure dans les souterrains de votre cœur.

Pour Claire, une jeune femme de vingt-huit ans : « C'est choisir ce qui me fait plaisir et pas forcément le plus raisonnable. Exemple vécu : persister dans des études qui n'aboutissent sur rien, mais intéressantes au lieu de chercher à intégrer des parcours plus rémunérateurs. »

Le réalisateur George Lucas a écrit sa série culte de films, *La Guerre des étoiles*, en suivant pas à pas d'anciens récits mythologiques qu'il a transposés dans l'univers de la science-fiction. Le héros Luke Skywalker écoute la « force » qui est en lui, en se connectant à ses émotions et en ne faisant plus confiance aux machines technologiques. Il réussit alors son objectif dans le premier épisode : détruire l'étoile noire.

À l'inverse, son père Dark Vador représente un être déshumanisé, dont les trois-quarts du corps sont mécanisés : il ne suit pas le désir de son cœur. Il vit comme un robot et obéit en toutes choses à son maître l'Empereur. C'est une machine.

Ronald a trente-cinq ans ; il témoigne de la manière dont il s'est transformé en expert de course à pied. Ronald n'était pas du tout un marathonien, mais il était tombé amoureux ! En puisant dans cette émotion amoureuse, il s'est dépassé lui-même, et a trouvé une passion sportive désormais essentielle. Il raconte ainsi son histoire : « J'ai commencé à courir parce que j'avais envie de faire le marathon de Paris, le 15 avril 2007, pour faire plaisir à une jeune femme. C'était uniquement pour cela et j'avais prévu de ne plus courir par la suite. »

Un marathon représente 42,195 kilomètres. C'est une épreuve physique immense, même pour un coureur très performant. Ronald ne veut pas décevoir cette femme. Il obtient alors l'autorisation de son médecin. Il n'a que trois mois devant lui avant le jour du marathon.

Au cours de son entraînement, il affronte les railleries des autres : « Certains marathoniens, très expérimentés, se moquaient de moi en disant : "Tu es trop jeune, trop sûr de toi, trop arrogant. Nous te prévenons. Tu as tort d'attaquer la distance mythique sans avoir couru avant sur dix kilomètres, puis un semi-marathon de 21,1 km..." Suivre mon cœur pour moi, cela revient à faire les choses naturellement sans me poser des questions et en assumant totalement mes prises de risque. »

Ronald a tenu bon pendant son premier marathon, même s'il en a subi un choc physiquement. Par la suite, il est devenu un coureur expérimenté et n'a plus jamais cessé ce sport. Il déclare : « Cela augmenta encore plus ma confiance en moi. Avec du recul, je réalise que c'est cette course que je devais terminer. C'était unique ! »

Joseph Campbell ajoute : « Suivez votre bonheur et des portes s'ouvriront là où il n'existait pas de portes l'instant d'avant. » Vous vous heurtiez à un mur. Mais, en trouvant votre désir profond et en l'écoutant, vous permettez à une porte de se former. Quand vous l'ouvrez, vous le transformez en un véritable objectif : c'est votre voie vers une vie positive.

Suivez votre bonheur, même si c'est parfois, aux yeux du monde, faire une folie... Une émotion fabuleuse vous abreuve et s'écoule dans votre quotidien. Vous vous sentez saisi par une force extraordinaire. Puisez dedans intensément.

Plantez dans votre présent des graines de renaissance

Le psychologue Ira Progoff, dans le *Journal intime intensif*, raconte un événement historique inspirant : certains égyptologues ont découvert, dans les tombes égyptiennes, des graines d'olivier, posées près des momies. Dans la mythologie, celles-ci symbolisent un signe de renaissance pour le défunt. De même qu'une graine se transforme en arbre, de même le mort gagnerait la vie éternelle.

Ces égyptologues ont alors planté l'une des graines dans un pot pour voir si elle germerait. Et elle a donné un arbre jeune... Les choix que nous n'avons pas faits sont comme ces graines. Ils demandent à être plantés dans notre présent pour qu'un futur différent puisse naître.

Pour Ira Progoff, il existe symboliquement deux types de routes dans votre existence : la route que vous avez prise, et celle que vous n'avez pas prise.

Vous avez la sensation parfois d'avoir effectué les mauvais choix. Vous avez compris « trop tard » ce que vous vouliez vraiment. Vous croyez alors que rien ne changera. C'est une frustration énorme. Certains de vos projets ou certaines de vos histoires personnelles restent inachevés. Vous essayez de les oublier à cause de la peine, mais c'est une erreur, car vous vous privez de leurs bonnes énergies.

Revenez en pensée vers l'une de ces routes abandonnées, à l'un des carrefours de votre vie, quand vous aviez plusieurs possibilités devant vous. Pourquoi l'avez-vous rejetée dans le passé ?

Repensez à cette route sans jugement, sans reproches, sans fatalisme. Imaginez-la comme un nouveau départ, et non comme une impasse. Demandez-vous : comment l'emprunter désormais ? Comment réaliser votre véritable désir aujourd'hui ? C'est peut-être en suivant une formation, en provoquant des rencontres nouvelles, en vous inscrivant sur un réseau social... Cette route symbolise une force d'épanouissement au fond de vous.

Par exemple, vous souhaitez vous réorienter après le bac, ou beaucoup plus tard dans votre carrière. Antoine fête ainsi ses quarante-quatre ans : il a choisi de devenir professeur de shiatsu après avoir travaillé comme commercial.

Emmanuelle a trente-cinq ans. Elle avait réalisé des études dans le domaine de la culture, mais des événements l'avaient conduite à travailler dix ans dans une grande entreprise automobile française, pour devenir une commerciale responsable. Elle gagnait un gros salaire, s'était mariée, avait deux enfants. Pourtant, elle ne se sentait pas satisfaite, parce qu'elle s'était éloignée de son vrai désir. Après sa journée, elle rentrait directement chez elle, fatiguée, et se consacrait à ses enfants et son mari. Elle ne gardait pas de temps libre.

Emmanuelle se souvint alors de cette route abandonnée dans sa vie. Elle décida de voir régulièrement un coach professionnel, afin de redéfinir son curriculum vitae et de prendre des contacts dans le monde de la culture. Désormais, elle sait qu'elle gagnera beaucoup moins d'argent, mais elle fera un travail qui a du sens pour elle. Elle a pu « revenir en arrière » pour mieux avancer.

Réévaluez ainsi à la hausse vos capacités et tout ce qui reste à l'état de graine en vous afin d'« ouvrir dans l'aile de la route [...] d'insatiables randonnées », comme vous y invite le poète René Char.

Découvrez votre force solaire pour lutter contre vos démons intérieurs

Vous croyez que vos démons intérieurs sont des défauts ou des vices, voire une tentation maléfique selon la morale de votre culture. La psychologie humaniste, issue des recherches de Jung, voit les démons comme des limitations que vous vous imposez dans tous ces moments où une voix intérieure négative vous susurre de laisser tomber un projet, qu'il finira mal de toute façon, quand vous concevez des excuses pour ne pas améliorer votre sort.

Cette voix critique vous tyrannise souvent. Elle vous somme de faire quelque chose de plus sérieux, de plus accepté par la société.

Au cours de votre éducation, vos parents ou d'autres vous ont expliqué parfois que vous ne devez pas suivre vos désirs, parce qu'il faut travailler, gagner de l'argent, obéir à votre patron, payer votre loyer, prendre soin d'une famille, ou bien vous avez été découragé... Peu à peu, vous avez intégré ces opinions.

Vos démons figurent aussi des voix extérieures quand elles tentent de vous limiter par des « tu n'y arriveras pas », « on ne t'attend pas », « tu es trop vieux ou trop vieille »... Certaines personnes vous barrent la route dès le départ, parce qu'elles ont peur de vous perdre, ou parce qu'elles éprouvent de la jalousie envers votre indépendance d'esprit.

Si vous tenez compte de ces propos, vous vivez en fonction des attentes des autres en oubliant les vôtres. Ou bien vous réalisez vos vrais désirs, qu'ils soient sexuels, sentimentaux, ou professionnels, de façon cachée, dans le mensonge et l'angoisse d'être découvert. Vous vous coupez alors de votre authenticité.

Allez-vous faire ce que les autres exigent de vous, ou allez-vous suivre ce qui sonne juste pour vous ? Si vous êtes passionné par quelque chose ou par quelqu'un, allez-y !

« Tous nous serions transformés si nous avions le courage d'être ce que nous sommes », écrit Marguerite Yourcenar dans *Alexis ou le traité du vain combat*.

De son côté, le psychologue Rollo May déclare : « Le contraire du courage, ce n'est pas la peur, c'est le conformisme. » Lorsque vous écoutez les recommandations des autres, lorsque vous suivez une mode, vous n'affirmez pas ce que vous souhaitez vraiment.

Par exemple, un lycéen de dix-sept ans m'écrit à ce sujet : « Chacun doit trouver sa voie sans suivre les influences extérieures et le reste du monde comme un mouton. Le monde a peur de la différence, il faut lui faire accepter qu'elle existe et qu'elle existera toujours. »

Vous vous sentez parfois paralysé. Vous vous dites : « Je vais forcément échouer, d'autres ont déjà fait mieux que moi dans tel ou tel domaine, je n'obtiendrai jamais ce que je cherche. » Ou bien : « Je dois m'occuper de telle personne qui a besoin de moi. »

Mais les autres prendront leur destin en main, même si vous êtes persuadé du contraire. Vous risquez de vous enfermer vous-même dans une prison, en jetant la clef le plus loin possible. Heureusement celle-ci, comme dans les mythes, revient toujours magiquement dans votre poche.

L'histoire de Lug affrontant Balor, dans la mythologie des anciens Celtes, vous indique le chemin pour vous affirmer. Balor était le roi légendaire des Fomoires, un peuple qui oppressait les gens de la tribu de Dana en Irlande...

Surnommé l'« Œil du Mal », car il ne possédait qu'un seul œil au milieu du front, son regard foudroyait tous ceux qu'il regardait avec colère. Mais Balor garde sa large paupière fermée sans cesse comme un rideau. Lors des guerres, ses soldats sont obligés de la soulever avec des cordes et des pieux pour que l'œil mortel puisse se déclencher !

Dans *La Bataille de Mag Tuired*, on apprend que le jeune Lug prend la tête de l'armée d'Irlande contre les Fomoires. Il s'approche de Balor en bavardant, en plaisantant, pour attirer son attention.

Ce dernier ordonne à ses soldats :

– Soulevez ma paupière, que je puisse voir ce garçon.

Lug n'attend que cela : il lance alors une pierre violemment avec sa fronde au front de Balor : l'œil est enfoncé, ressort par l'arrière de la tête, tombe à terre du côté des soldats fomoires... Il les foudroie par milliers. L'Irlande est libérée de leur tyrannie.

Dans cette histoire, Balor est le grand-père de Lug. Une prophétie druidique avait prédit à Balor qu'il serait tué par son propre petit-fils. Terrifié, il avait donc enfermé sa fille unique, Ethlinn, dans une tour pour qu'aucun homme ne l'approchât. Son plan échoua, et sa fille engendra des triplés.

À leur naissance, le tyran ordonna que les bébés fussent noyés, mais Lug en réchappa miraculeusement et put accomplir son destin : il devint alors un héros, symbole de lumière solaire qui détecte son chemin à travers les ténèbres les plus épaisses.

Balor vit ensuite dans une peur continuelle. Plus il s'angoisse, plus il se rapproche de sa mort. Il représente ce que vous êtes, lorsque la crainte vous dirige : elle vous souffle les mauvaises décisions, elle vous entraîne vers l'échec, elle restreint vos possibilités de bonheur.

Plus la peur domine un individu, plus ce dernier devient une victime. Balor représente le dragon cracheur de feu, ou la mauvaise sorcière dans d'autres mythes, qui vous empêche d'atteindre le trésor de sa grotte, qui crache sur vous des croyances négatives, des doutes et un désespoir brûlant.

Vous risquez même de devenir ce monstre, si vous renvoyez dans votre inconscient vos désirs les plus essentiels.

Vos démons intérieurs ne sont que vos limitations ; vous avez le pouvoir de les anéantir. Lug incarne ainsi la force solaire en vous, celle qui lance une pierre efficace au front de vos peurs.

L'un des attributs des héros solaires est la roue, car elle symbolise le soleil avec ses rayons multiples. Celle-ci détient le pouvoir magique d'écraser des ennemis. À chaque moment de détresse, quand vous sentez votre cœur oppressé, fermez les yeux, imaginez en vous cette roue solaire et faites-la rouler sur tous vos démons.

Ne vous en remettez pas à la Fortune, votre sort vous appartient

Quel pourcentage de votre vie semble contrôlé par le destin ? Faites en sorte que ce soit la plus faible possible ! Votre sort dépend-il d'un enchaînement de cause à effet qui vous dépasse ? Vous croyez alors que la Fatalité vous domine.

L'image de la roue de la Fortune indique une échappée. Les Romains rendaient hommage à la déesse Fortuna, parfois représentée avec un bandeau sur les yeux et tournant la roue du destin des hommes, à l'aveugle.

Cette roue signalait aux hommes les aléas de l'existence : tantôt vous vous situez au sommet du bonheur, tantôt tout en bas de la roue, écrasé par le malheur. Nous disons encore communément que la roue tourne pour chacun : ceux qui sont puissants un jour ne le seront plus demain, et *vice versa*.

S'en remettre à la Fortune est alors hasardeux. Vous vous sentez constamment accroché à la jante de la roue, sur l'un de ses bords, et vous ne maîtrisez aucun des événements majeurs : de la naissance à l'amour, au travail, à la mort, rien ne dépend jamais de vous.

Pour réaliser votre désir profond, restez centré sur votre objectif de bonheur. Observez une roue qui tourne : son centre ne bouge jamais ; c'est le seul point fixe. Joseph Campbell vous recommande de vous placer au centre même de cette roue, ce qu'on appelle le moyeu.

Visualisez dans votre esprit une image de roue ou même dessinez-la sur une feuille de papier ! Elle représente votre vie. Imaginez maintenant votre visage au centre même de cette roue. Vous vous recentrez alors sur vous-même et sur votre objectif. Dans ce cas, la chance et la malchance continuent de s'enchaîner dans votre quotidien, mais vous ne les percevez plus de la même manière. Elles ont moins de prise sur vous. Vous n'avez plus la sensation d'être toujours impuissant.

Par exemple, au centre de l'existence de Marie, une amie psychanalyste, se décèle le désir de soigner, en particulier les enfants. Elle n'a pas pu effectuer des études de pédiatrie comme elle en rêvait. Elle devient d'abord professeur de biologie pour enseigner à des adolescents les secrets du corps, et à le respecter. Bénévolement, elle anime des ateliers d'écriture pour les enfants, afin qu'ils expriment leurs émotions. Souvent elle se confronte à leur détresse.

Peu à peu, l'idée fait son chemin en Marie : à quarante-cinq ans, elle suit des études de psychanalyse et, en quelques années, elle s'installe comme thérapeute, accueillant adultes et enfants dans son cabinet.

Elle a suivi son désir profond, en a fait un objectif concret, même quand les événements bloquaient sa route. Son rêve s'est modifié en chemin.

L'important est de rester toujours souple sur la forme à lui donner peu à peu. Ne planifiez pas tout. Joseph Campbell déclare : « Laissez tomber la vie que vous avez prévue pour embrasser enfin celle qui vous attend », car « quand un homme s'accroche à un certain programme et qu'il refuse de suivre les exigences de son propre cœur, il court à l'effondrement psychologique. Un tel homme s'est décentré. Il s'est fixé un programme qui ne convient pas à son corps », ni à son esprit.

Conservez une place en vous – un moyeu – qui ne soit pas affectée par les multiples changements de l'existence, ou par l'injustice du sort. Quoi qu'il arrive, que vous vous éleviez ou que vous chutiez, vous restez alors fermement centré sur votre objectif.

Imaginez que vous possédez un bâton de pouvoir

Dans la mythologie sibérienne, le chaman sculpte un bâton de pouvoir : c'est le symbole de sa puissance spirituelle. L'apprenti le fabrique lui-même ; il ne le reçoit en héritage de personne. Il lui donne une forme unique. Le bâton lui confère une autorité dans sa profession pour effectuer toutes les cérémonies thérapeutiques. Il fait office de bâton de foudre : le chaman frappe alors le sol avec pour inviter la foudre à féconder la terre.

Ce symbole vous permet d'imaginer votre force personnelle dans un objet concret. Votre talent, votre sensibilité, vos choix... tout cela forme votre bâton de pouvoir psychologique. Gardez-le en main pour vous diriger ! Vous ne ferez aucun progrès vers une vie positive si vous remettez votre bâton de pouvoir à une autre personne, même très aimée. Parfois, vous laissez décider pour vous un amour, un parent, un patron ou un ami. Vous vous dépossédez alors de votre bien le plus précieux, et vous perdez votre énergie vitale.

Par exemple, vous êtes triste dans une relation de couple, mais vous attendez que ce soit l'autre qui vous quitte. Vous cherchez à garder le beau rôle ou vous avez peur de blesser. Ou bien vous dites : « Si je suis malheureux, c'est à cause de cette personne, c'est elle qui me fait souffrir, ou c'est à cause du monde qui est mal fait, violent et injuste. » Ce n'est jamais votre faute.

Ni un être humain, ni le monde, ni l'univers ne vous prendront en charge. Maria a vécu une longue période d'anorexie à l'adolescence et voici ce qu'elle explique : « Je me détruisais et j'attendais que quelqu'un vienne me sauver par son amour inconditionnel. Mais en me détruisant, au contraire, je faisais fuir les gens. Personne ne pouvait me sauver en dehors de ma propre volonté à le faire. »

De plus, usez de ce bâton de commandement pour le meilleur. Rollo May donne l'exemple d'une patiente qui disait à tout le monde : « Vous ne pouvez rien pour moi », ou bien : « Non, ça ne m'aide pas. » Cette femme éprouvait une satisfaction personnelle à se persuader que personne ne lui venait en aide. Elle arrangeait inconsciemment son quotidien pour démontrer que rien ne la soulageait jamais.

Cette patiente utilisait son bâton de pouvoir pour contrôler les autres. Mais, dans ce cas, il s'agit d'un usage négatif, qui fige l'existence.

Parfois vous vous placez ainsi en situation d'échec, mais vous gardez un sentiment de contrôle rassurant. Vous pouvez dire aux autres : « Je m'y attendais » ou : « Je vous l'avais bien dit », « Comme ça, c'est fait »...

Soyez responsable de vous-même. C'est ce que nous dit aussi l'idée de réincarnation, dans la pensée hindoue populaire. Après la mort, l'âme s'incarnerait dans un autre corps afin de purifier ses fautes, au cours d'une existence nouvelle. Elle emmène avec elle son « karma », une sorte de registre des comptes sur lequel sont inscrits le bien et le mal commis dans la vie précédente. Au fur et à mesure de ses incarnations, un être humain doit progressivement effacer le mal. Dans cette mythologie, vous méritez tout ce qui vous arrive en négatif ; c'est pour réparer vos fautes anciennes.

À ce sujet, Joseph Campbell déclare : « Lorsqu'on pense : "Dieu ou la vie ou untel m'a fait cela", nous sommes dans l'erreur. Nous sommes nous-mêmes notre propre créateur. [...] C'est la belle chose à prendre de l'idée du karma hindou. La vie est le fruit de votre propre acte. Vous ne pouvez blâmer personne d'autre que vous-même. »

Cette pensée s'interprète aussi comme une renaissance psychologique : au cours d'une même existence, vous êtes capable de vous réincarner à plusieurs reprises symboliquement, c'est-à-dire de laisser mourir la partie incertaine ou dépendante de vous pour renaître en adulte responsable de ses choix, même si cela vous demande un grand effort personnel.

Naviguez entre les extrêmes, c'est la leçon d'Icare

Quand vous avez transformé votre désir profond en un objectif de bonheur, mariez l'émotion et la réflexion. Demandez-vous : « Est-ce que je suis prêt(e) à prendre tel risque ou à causer telle souffrance si c'est nécessaire pour suivre mon bonheur ? Quels sont les dangers à prendre en compte ? » Prenez toujours en considération le risque pour vous-même ou l'impact de vos choix sur les autres. Puis agissez.

Vous connaissez la célèbre pensée de Pascal au XVIIe siècle : « Le cœur a ses raisons que la raison ne connaît point. » Le cœur serait le siège de vos émotions alors que votre raison serait la garante d'une réflexion sage. Mais il existe un sens plus ancien : c'était le siège de la mémoire et de l'intelligence ! On parle encore aujourd'hui de l'intelligence du cœur, et on a gardé l'expression datée du XIIIe siècle en France : « Apprendre par cœur »... Autrement dit, votre cœur a un cerveau !

L'histoire grecque mythique d'Icare et de Dédale vous enseigne à trouver un juste milieu entre le cœur et la raison, en particulier dans le récit que le poète Ovide en donne dans ses *Métamorphoses*. Dédale rêve de rentrer dans sa ville natale, Athènes, mais il est prisonnier du roi Minos en Crète.

Dédale veut s'enfuir de Crète, en compagnie de son fils unique, le jeune Icare. Il invente alors deux paires d'ailes, fabriquées avec des plumes d'oiseaux et de la cire, mais Icare dérange son père en jouant avec les plumes et en ramollissant la cire avec ses pouces...

Enfin les ailes sont prêtes et Dédale en vérifie sagement l'efficacité avant d'en fixer une paire sur le dos de son fils. Il demande à Icare de retenir par cœur ce conseil : « Vole entre le ciel et la mer, à mi-distance des deux. »

Mais dès que l'enfant s'envole, la vitesse le rend ivre, le désir de liberté le fascine, et il oublie le conseil de son père. Icare s'approche trop près du ciel : le soleil fait fondre la cire de ses ailes. Les plumes se détachent, plus rien ne retient l'enfant dans les airs. Il chute dans la mer qui l'engloutit aussitôt.

Vous aussi, parfois, vous ne prenez pas assez le temps de la réflexion. N'abandonnez pas tout contrôle de vos émotions : il existe une voie entre l'impulsivité et l'extrême rigueur, qui permet de passer entre les dangers.

Trouvez la bonne discipline qui correspond à votre objectif ; écoutez un conseil quand il vous semble bon, et ne tombez pas dans des positions extrêmes !

Réalisez-vous pour rendre ce monde valable pour tous

Vous avez parfois l'impression que c'est égoïste de suivre votre bonheur, et qu'il faudrait le sacrifier pour vous occuper des autres. C'est une erreur. Plus vous serez épanoui, plus vous apporterez du positif autour de vous. Certaines personnes paraissent lumineuses, on se sent bien quand on les côtoie, on reçoit un peu de leur lumière en partage. Or chacun de vous peut activer sa propre lueur intérieure.

C'est en vous sauvant d'abord vous-même que vous sauvez le monde. Si vous restez dans votre étouffement intime, vous n'asséchez pas seulement votre existence, vous blessez souvent ceux qui vous entourent, vous asséchez aussi le monde. Alors faites-vous du bien pour en faire aux autres ensuite !

« L'influence d'une personne sûre de soi vivifie le monde. Aucun doute là-dessus. [...] Un monde bouillonnant de vie est un monde valable. Il faut lui apporter la vie et la seule façon de le faire, c'est de découvrir où est la vie pour vous et de l'accepter », explique Joseph Campbell.

Voici le témoignage émouvant de Lisa, une femme d'origine allemande qui a aujourd'hui soixante-quatre ans et vit à Paris : « Ce fut l'événement le plus déstabilisant pour moi. Avec mon mari, nous étions très heureux, nous étions dans les yeux de nos amis, de la famille, LE couple en osmose... C'était un médecin très séduisant, mais il avait peur de vieillir.

» Après dix-sept ans vraiment de bonheur exceptionnel, il m'a quittée pour sa secrétaire qui avait vingt-quatre ans de moins que lui. Il avait cinquante-huit ans, moi cinquante-quatre... C'était complètement inattendu, j'étais comme paralysée, il est sorti de ma vie d'une seconde à l'autre. Je ne pouvais pas comprendre, pas le croire et, en même temps, c'était comme si j'avais reçu un énorme coup de fouet.

» J'ai senti une force en moi pour m'en sortir. C'était : je me noie ou je survis. Je devais me refaire toute seule, sans pitié, partir, changer de ville, changer de vie, déterrer des sources en moi. Bien sûr, il y a eu aussi des moments de panique, d'incertitude, mais cette force était là !

» J'ai tout plaqué, j'ai laissé derrière moi mes amis, ma famille, ma sécurité matérielle. J'ai été engagée dans un studio de Paris (je travaillais avant en Allemagne pour la première chaîne de la télévision). J'ai eu cette chance incroyable d'obtenir un poste (il y en a un pareil tous les cinq ans seulement) et j'ai tout recommencé à zéro.

» J'ai été récompensée, car j'ai fait des rencontres que je ne voudrais pas avoir manquées. J'ai vécu des moments qui m'ont enrichie, et je pense que ce n'est pas fini. Je suis convaincue qu'il y a un chemin tout tracé pour nous, que nous devons déceler. »

Cette force au fond de Lisa, se trouve aussi en vous. Elle tue le dragon paralysant vos souhaits, et du même coup, vous apportez un bienfait aux autres.

Dans le *Rig Veda*, un texte sacré de la religion védique, Vritra personnifie la sécheresse et l'inertie. Il apparaît comme un dragon ou un grand ver. Il déploie sa longue queue autour des rivières et les encercle pour bloquer leur écoulement. Il garde ainsi les eaux du monde en captivité.

Cependant, Vritra est tué en combat singulier par le dieu Indra qui utilise un éclair pour le couper en morceaux. Libérées de leur emprisonnement, les eaux reprennent leur cours, filant enfin jusqu'à la mer. Cette délivrance engendre la naissance d'une terre abondante.

Il en va de même quand des événements douloureux viennent obstruer vos eaux fertiles. Remontez à la source de votre désir profond, regardez quel dragon s'est enroulé autour et en empêche l'écoulement comme un barrage. Ouvrez les vannes qui restaient fermées.

Le chemin à suivre ensuite est difficile. Vous vous lancez dans une aventure qui comporte des risques immenses, des échecs possibles, des épreuves périlleuses. Vous ne vivrez pas sans souffrances, mais vous vivrez sans regrets.

CHAPITRE II

Prenez votre vie comme une aventure mythologique

Vous avez identifié votre source de bonheur. Votre désir devient un objectif réel à accomplir. Ou bien vous vous sentez perdu dans un labyrinthe de problèmes. Cette errance n'est pas sans fin, mais ne croyez pas qu'un héros ou une héroïne viendra vous sauver ! Dans tous les cas, prenez votre vie comme une aventure mythologique dont vous êtes le héros. Les mythes vous guident pas à pas sur les étapes de votre réalisation personnelle.

Inspirez-vous du voyage initiatique dans les mythes

Partez en quête de votre désir profond ou d'une nouvelle manière de réaliser votre bonheur. Cette aventure se déroule dans votre réalité extérieure, ou advient à l'intérieur de vous-même lorsque vous modifiez un problème psychologique ou lorsque vous cherchez à ressentir de nouvelles émotions. Souvent les deux ont lieu en même temps.

Les mythes vous annoncent alors le programme à suivre, et surtout ils vous soutiennent pour ne pas abandonner en chemin. En véritable coach, ils vous encouragent à tonifier votre volonté, à développer vos performances et à avancer plus loin.

Un héros mythologique ne part jamais sans un kit de survie en poche, et quand il s'appelle Thésée, un beau jeune homme grec de passage en Crète, il le demande à la belle princesse du palais, Ariane.

Celle-ci ne lui donne ni une épée guerrière ni une baguette magique : elle lui confie une pelote de fil. Thésée accroche le fil à l'entrée du labyrinthe, le déroule derrière lui en marchant dans ce dédale, trouve le monstre qu'il doit tuer, le fameux Minotaure, puis revient sur ses pas en suivant le fil de nouveau.

Ce simple fil lui permet donc de vivre son aventure personnelle et de retrouver son chemin. Votre vie est parfois comme ce labyrinthe mais, avec le bon fil dans votre main, elle vous mène quelque part : vos efforts ne servent pas à rien.

Comme dans ces histoires, vous expérimentez un voyage initiatique qui a pour but de transformer votre existence et souvent la société, même à une petite échelle. Chaque fois, vous laissez derrière vous une situation insatisfaisante, vous traversez des épreuves pour vaincre un grand obstacle et obtenir un élixir, qui permet votre réalisation personnelle.

Souvent vous menez plusieurs aventures de front, mais il y en a toujours une en particulier qui domine à chaque période, dans laquelle vous investissez principalement votre énergie.

En adaptant le « voyage du héros » dans les mythes, mis en valeur par Joseph Campbell, découvrez les étapes qui vous attendent.

Répondez à l'appel de l'aventure

Qu'il soit né dans des conditions extraordinaires, qu'il soit demi-dieu ou simple mortel né dans une famille ordinaire, l'aventure du héros dans les mythologies ne dépend pas toujours de sa naissance. Elle dépend d'un appel ! Envisageons ainsi d'une manière démocratique les histoires : plus d'ascendance, ni d'héritage obligatoires.

Quelles que soient vos conditions sociales ou économiques ou autres, vous recevez cet appel pour vivre de multiples aventures : professionnelles, amoureuses, artistiques ou spirituelles...

Celui-ci se manifeste en particulier quand vous ne vous sentez pas à l'aise dans votre quotidien, que vous éprouvez un manque ou rencontrez un problème. Avez-vous réalisé qu'une situation d'échec se répète encore et encore ? C'est le signe que vous êtes prêt pour répondre à cet appel, n'en doutez pas !

Quelle forme prend-il dans les mythes ? Soit le héros choisit de partir à l'aventure, il en assume la responsabilité. Soit il y est forcé.

Dans un récit celte d'Irlande, le seigneur Finn croise le chemin d'une biche alors qu'il revenait de la chasse. Elle est si magnifique que Finn tente de la poursuivre sans succès jusqu'à ce que la biche s'arrête d'elle-même, au cœur de la forêt, pour l'attendre. Il la capture et l'emmène dans son château, où elle se métamorphose la nuit suivante en une femme éblouissante.

Finn ne sait pas encore qu'elle sera la source de son bonheur et de son tourment amoureux, mais il ne refuse pas cette manifestation soudaine d'un événement inattendu. Il accepte aussitôt l'appel.

Vous-même, vous ne contrôlez pas ce qui vous arrivera, vous ne savez pas forcément quel élixir manque à votre vie, ni comment l'obtenir pour résoudre une crise personnelle. Finn est un héros sans hésitation, mais la plupart du temps dans les histoires, le héros n'accepte pas immédiatement l'aventure, il est rempli de craintes, ou bien son entourage le retient.

Quelle forme cet appel prend-il pour vous ? Chacun de vous le reçoit. C'est peut-être très ancien, cette petite voix intérieure dont je vous ai déjà parlé, ce désir à suivre. Ou bien c'est récent : un nouveau travail survient, un projet a germé dans votre esprit, ou un événement important vous arrive comme un mariage, la naissance d'un enfant... Ou vous cherchez l'amour et mettez tout en œuvre pour y parvenir ou encore un épanouissement du corps...

Mais cet appel surgit aussi dans une période difficile pour vous, un temps d'attente, de douleur. Vous êtes confronté à un vieux problème qui nuit à votre bonheur. Il se montre parfois très négatif en apparence : vous vivez un divorce, un accident, une maladie, vous

vous sentez dépendant d'une addiction, vous perdez un être cher ou un emploi. Tout ce que vous aviez construit jusqu'à présent s'effrite.

La première réaction est de refuser la situation. Vous restez paralysé, c'est instinctif. Beaucoup d'animaux face au danger se figent afin de ne plus faire un seul mouvement qui dénoncerait leur présence à un prédateur : c'est un réflexe de survie. Vos peurs ne sont pas toujours mauvaises, elles cherchent d'abord à vous protéger.

Si vous vous en tenez là, si vous ne prenez pas cette crise comme un appel pour partir à l'aventure, votre vie se transforme négativement. Daphnée, dans les *Métamorphoses* d'Ovide, refuse d'affronter le dieu Apollon. Il la poursuit de ses ardeurs, elle s'enfuit et, dans sa course, elle se tourne vers son père pour trouver de l'aide, comme une enfant. Le père la métamorphose alors en un arbre, le laurier, et l'aventure s'arrête là. C'est l'exemple tragique d'une héroïne qui n'a pas fait face à son problème.

Mais l'appel se renouvelle souvent. Si vous y répondez, vous vous donnez la chance d'être heureux. Vous repensez sans cesse vos choix, quel que soit votre âge.

Un exemple concret m'a été donné par une jeune femme de vingt-huit ans, Mélanie :

confrontée à une période de chômage, elle décide de partir trois mois, seule, en Asie pour voyager, avec un budget minime, malgré sa peur de la solitude ou des dangers qui pourraient survenir. Son voyage s'est révélé une aventure fabuleuse, périlleuse parfois, nourrie de rencontres. C'était sa manière de refuser la négativité du chômage. Elle est rentrée de son périple avec une force nouvelle pour chercher une situation professionnelle, avec succès.

Tournez ainsi à votre avantage ce qui vous arrive, même le pire. Faites de vos contraintes une exploration de la nouveauté. Alors, même si vous ne l'avez pas choisi, parce que la réalité ne vous laisse pas toujours libre, même si vous faites un métier que vous n'aimez pas, même si vous êtes envoyé dans un endroit où vous vous sentez exilé, vous partez en quête d'un nouvel élixir pour régénérer votre existence.

Sortez des sentiers battus

À ce stade, vous êtes confronté à la peur de l'inconnu. Vous sortez du cadre ordinaire avec sa routine. C'est inquiétant, car vous n'écoutez plus l'éducation reçue, les règles de votre groupe familial, culturel ou religieux.

Vous vous engagez sur la voie de l'expérience personnelle que rien ne remplace.

C'est une quête aussi épique que celle des personnages de bande dessinée, de cinéma ou des grands mythes, parce qu'elle vous demande de voyager dans un autre monde (telle branche de la société, tel univers professionnel, tel état sentimental nouveau, etc.).

Ne voyez pas cet inconnu comme un gouffre terrifiant : c'est un seuil vers un monde extraordinaire. J'ai toujours pensé au poème *Le bonheur est dans le pré* de Paul Fort : il nous conseille de courir vite pour ne pas laisser filer ce bonheur. La fin en est triste, car il a véritablement filé. Pour l'attraper, vous devrez prendre des risques.

Ne construisez pas votre vie en fonction de normes de sécurité, comme si elle était une voiture dont il fallait respecter un plan de construction mécanique, en prévoyant les accidents possibles et en vous immunisant par avance. Votre vie est libre et délicate comme le vol des oiseaux, constamment imprévisible. Rien ne la limite.

Désormais, vous sortez des sentiers battus, c'est fabuleux ! Vous vous enfoncez dans une forêt obscure que personne avant vous n'a jamais explorée, où il n'y a pas de chemins.

C'est par exemple vivre un amour hors norme, sans tenir compte du regard des autres, tenter des rencontres sur un site Internet, ne pas garder vos préjugés de classe, de salaire, de niveau social, d'origine ! Ouvrez les barrières posées par votre éducation.

Comme le dit une jeune femme de trente et un ans, Maïa, qui a vécu dans plusieurs pays différents sans avoir trouvé encore ses racines, il faut sortir « de son milieu, de son cercle d'amis, de sa famille, et même de son pays, faire ce qui surprend les gens autour de vous, voire ce qu'ils ne comprennent pas ».

La forêt obscure n'a pas de chemins, mais vous en définirez un à l'intérieur. Ce ne sera pas un tracé droit. Il aura des détours multiples et des impasses. Parfois, vous rebrousserez chemin pour mieux repartir dans une autre direction. Ce n'est pas grave.

Dans la mythologie, le dieu grec Apollon était qualifié d'Oblique, car le mot « oblique » signifie « caché, indirect ». Apollon rendait des oracles sur le destin des hommes qui le consultaient, mais ses oracles ressemblaient à des énigmes difficiles. Votre chemin aussi sera oblique, il apparaîtra comme indirect, mais il vous deviendra clair, au fur et à mesure de votre recherche.

Exprimez vos idées originales avec courage

Le psychologue Rollo May déclare : « Si vous n'exprimez pas vos idées originales, si vous n'écoutez pas votre propre personnalité, vous allez vous trahir vous-même. »

Au cours de votre aventure, vous proposez par exemple une idée nouvelle à votre employeur. Dans un premier temps, il est possible que votre idée soit refusée abruptement. Si vous abandonnez maintenant, vous revenez à la case départ, vous restez englué dans votre situation. Trop d'amour-propre et d'orgueil vous contrôlent alors ; ils vous mettent en péril.

Proposez même si vous recevez un « non ». En interviewant une réalisatrice française célèbre, elle m'expliqua le mot d'ordre qu'elle donne à son équipe de tournage :

– Tout commence à « non ce n'est pas possible » !

Dès qu'un de ses projets est refusé, cette réalisatrice le défend d'une manière nouvelle, persévère jusqu'à ce qu'elle obtienne un « oui ».

Un refus n'est pas la fin du chemin.

Chaque fois que j'ai eu peur d'être jugée par mes proches, mon mari me disait : « Tant pis, cela fera le tri. Ceux qui t'aiment vraiment comprendront. Les autres, c'est très bien de les perdre : ils ne t'auraient pas fait du bien de toute façon. » J'ai toujours trouvé cette phrase un peu dure, mais elle m'a soulagée. Elle m'a libérée de l'image projetée par les autres sur moi, ou de celle que j'avais envie de montrer pour être aimée.

Si votre originalité ne convient pas aux autres, laissez-les s'éloigner de vous. D'autres alliés seront enrichis par votre manière d'agir. J'aime recourir à la poésie pour me guider, et Jacques Prévert a écrit ces vers magnifiques : « Je suis comme je suis / Je suis faite comme ça / Que voulez-vous de plus ? »

Tournez-vous vers un mentor et des alliés

Savez-vous qui est Mentor ? Dans l'*Odyssée* d'Homère, Mentor est le professeur du fils d'Ulysse, nommé Télémaque. Il le guide par ses conseils, assure son éducation. Il l'encourage surtout à quitter le royaume d'Ithaque, où le trône est menacé, pour partir à la recherche de son père, perdu depuis des années en mer. Or Mentor s'avère en fait un déguisement pour Athéna, la déesse de la sagesse.

Le mentor incarne donc cette personne avisée, capable de vous guider. Soit vous la connaissez depuis longtemps et vous lui faites déjà confiance pour vous soutenir. Soit vous la rencontrerez en cours de route.

Dans ce mythe grec, Mentor choisit son élève. Cependant, plutôt que d'attendre d'être élu par magie, cherchez vous-même votre guide.

C'est alors une démarche active. Vous éviterez les personnes dangereuses idéologiquement, qui voudront vous formater pour grossir leurs rangs : qu'elles soient religieuses, politiques ou autres. Votre recherche garantit votre liberté, même si l'erreur est toujours possible.

Trouvez ce mentor dans un cadre, une école, un centre culturel, en un coach, un professeur, un psychologue, un psychanalyste, un spécialiste, une référence pour vous. Si vous ne vous sentez pas d'un tempérament discipliné, rapprochez-vous d'une personne structurée. Vous serez alors initié dans le domaine de votre souhait, puis connecté à des réseaux efficaces.

Le mentor n'est pas forcément humain : le mythe d'Homère nous l'enseigne. Athéna représente plutôt une figure symbolique de l'intelligence. Recherchez des conseils dans les livres par exemple, ou des conférences.

Lorsque j'enseignais la littérature française à des adolescents au lycée, je leur disais toujours, en début d'année scolaire, ce vers du poète René Char : « Un mystère nouveau chante dans vos os. Développez votre étrangeté légitime. » J'expliquais aux élèves que le programme scolaire en français les aiderait à inventer leur talent singulier. Les grands livres et leurs auteurs nous apprennent qui nous sommes.

En plus d'un mentor, choisissez des alliés. D'une manière ou d'une autre, quand vous suivez la voie de votre cœur, vous rencontrez des gens qui vous ouvrent des portes dans le domaine que vous aimez. À votre tour, dans d'autres situations, vous procurerez certainement de l'aide aux autres.

Prenez conscience surtout de vos qualités, vos plus fidèles alliées intérieures. Vous partez au départ avec tel handicap, telle particularité, tel poids sur vos épaules, mais aussi avec vos atouts personnels, un ensemble de valeurs qui vous sont chères, et votre intelligence.

À un moment donné, vous vous détacherez de votre mentor et vous ne dépendrez plus de vos alliés. Le mentor représente parfois un modèle pour vous : père ou mère idéaux, sportif ou célébrité, homme politique ou religieux... Mais vient un moment où vous devrez cheminer seul, sans accepter aucune autorité extérieure, même choisie par vous.

Pensez les épreuves comme des étapes

Vous rencontrez une série d'épreuves de plus en plus difficiles, et vous êtes tenté d'abandonner. Aucune aventure ne se fait sans souffrances.

Suivre votre bonheur, c'est parfois heurter vos sentiments ou votre morale. Toutes les blessures physiques des héros mythologiques, dans leurs combats guerriers, représentent vos propres douleurs psychologiques en chemin.

Pensez ces épreuves plutôt comme une série de tests et de défis à relever : ce sont des étapes nécessaires, une sorte d'entraînement. Acceptez par exemple des critiques constructives, car ce n'est pas votre personne qui est remise en cause. Il y a certainement une leçon positive à en retirer.

Rappelez-vous régulièrement pourquoi vous agissez et ce qui vous motive. Pour Ronald, courir un marathon est une des « dernières grandes aventures humaines », mais ce n'est pas son métier. Chaque kilomètre est une étape, et il y en a quarante-deux à franchir ! Quand il dépasse son propre score au final, c'est une explosion de joie.

Cependant, le plus important pour lui, c'est de finir sa course ; le plus important pour vous est d'aller au bout de votre aventure.

Vous avez certainement vos petits trucs personnels pour tenir dans les moments difficiles : par goût du défi, du jeu, ou en pensant à ceux qui comptent sur vous, ou que vous aimez...

De son côté, Ronald explique ceci : « En fait, je cours principalement avec le mental. Tout se passe dans ma tête. Tant que je suis content d'être là, j'arrive à faire complètement abstraction de la douleur. Je pense beaucoup à toutes les personnes que j'aime, quand cela ne va pas, pour dépasser la fatigue et la douleur dans les épreuves. »

Parmi les obstacles à franchir, se détectent votre propre peur et votre manque de confiance en vous. Dans la mythologie grecque, Orphée est désespéré par la mort de son épouse, Eurydice. Il voyage aux Enfers, et obtient le droit de remonter vers le monde des vivants, avec sa bien-aimée.

La seule condition est de ne pas se retourner vers elle pendant qu'ils marchent. Au moment de réussir, Orphée est saisi de peur et d'un excès d'amour. Il se retourne pour vérifier qu'Eurydice le suit toujours : hélas, il la perd à tout jamais.

C'est un risque. Les obstacles, au cours de votre aventure, proviennent le plus souvent de vos blocages psychologiques : le doute, la crainte, le désir de fuir... Mais le héros, au fond de vous, peut en triompher, pas à pas.

Fuyez les faux paradis

Les paradis artificiels ne sont pas seulement ceux de la drogue, de l'alcool ou de comportements nocifs : on sait la curieuse ressemblance entre l'héroïne d'une histoire, et la drogue dure nommée héroïne.

La société de consommation impose des faux paradis sous toutes ses formes : posséder plus d'objets, plus d'amours, plus de plaisirs, plus d'argent... C'est une machine à créer du manque.

L'histoire celte du voyage de Maeldun est intéressante à cet égard. Comme l'Ulysse grec, Maeldun dérive pendant des années à bord de son navire avec ses compagnons. Il accoste un jour sur l'île enchantée des femmes. Chaque marin reçoit une jeune fille pour compagne, et Maeldun est séduit par la reine. Mais lorsque les héros veulent finalement reprendre leur route, la reine les en empêche :

– Ne soyez pas bêtes, dit-elle, vous aurez près de moi la beauté et la jeunesse éternelles, et vous partagerez les richesses de mon royaume.

La proposition est tentante : cela dure pendant trois mois. Finalement, Maeldun tente de repartir pour de bon, avec ses hommes. Profitant d'une absence de la reine, il file en douce sur son navire.

À peine le bateau éloigné, la reine apparaît sur la rive, et lance en direction de Maeldun... une pelote de ficelle ! Le héros l'attrape sans méfiance, mais elle se colle à sa main. La reine remorque alors le bateau jusqu'au rivage. Les hommes se trouvent désormais prisonniers de cette île aux plaisirs éternels.

Deux fois encore, ils tentent un départ, et deux fois ils sont ramenés au port par la ficelle magique. L'équipage se révolte et pense que Maeldun, par amour pour la reine, fait exprès de garder la ficelle dans sa main.

Une dernière fois, ils s'échappent tous ensemble. C'est un autre marin qui attrape la pelote : elle colle pareillement à sa paume. Alors les autres lui tranchent la main et le bateau reprend enfin sa traversée. La ficelle de la reine ligotait le héros dans un paradis mensonger.

Une fois que vous aurez fui ces faux paradis, poursuivez le chemin, même si les épreuves s'accumulent. Les mythes vous disent de tenir bon.

N'oubliez pas : tout prend du temps

Combien de temps ça va prendre ? Vous vous posez cette question récurrente. Votre moment viendra. Vous n'êtes pas obligé d'avoir réussi professionnellement ou d'avoir trouvé l'amour avant trente ans !

Je connais un professeur de philosophie, Anne, qui déclare toujours à ses élèves : « Emmanuel Kant a publié son premier ouvrage à cinquante-sept ans ! Et ce fut son plus célèbre : *Critique de la raison pure...* »

Ne pensez pas à court terme, mais plutôt à long terme. Sur l'échelle d'une existence, le temps qu'il faut pour mener à bien votre objectif n'est pas si grand, ou bien celui-ci n'a pas encore trouvé sa forme juste et il a besoin d'évoluer peu à peu.

Pour gagner du temps, vous subissez aussi des tentations : celle de la malhonnêteté, celle d'écraser les autres, celle de l'argent facile ou celle de l'orgueil. Ce sont les tentations du pouvoir, de la richesse, de l'égoïsme. Dans un texte sacré hindou, l'*Upanishad Shakti*, il est écrit : « Celui qui, tout naturellement et non par crainte, considère tout être comme identique à son propre Soi et les possessions d'autrui comme sans plus de valeur que des mottes de terre, est le seul à posséder la vision juste. »

La jalousie empoisonne le tout, sans être inguérissable. L'artiste Julia Cameron conseille d'écrire une liste avec deux colonnes. D'un côté, placez vos rancœurs et, de l'autre, en face, placez un antidote. Par exemple pour : « Mon frère gagne plus d'argent que moi », l'antidote pourrait être : « Je dois chercher des solutions pour mieux gagner ma vie. » Ou bien : « L'argent n'est pas mon objectif, je préfère me consacrer à telle ou telle passion. »

Enfin, rappelez-vous parfois la phrase du philosophe Sénèque : « Au lieu de regarder combien de personnes il y a au-dessus de vous, songez combien il y en a en dessous ! » Le bonheur d'un autre ne vous enlève rien et ne bloque pas votre propre route.

Soyez inventif pour affronter l'obstacle suprême

Votre aventure passe nécessairement par une lutte contre un obstacle plus coriace que tous les autres ou contre un ennemi puissant. C'est le moment du combat avec le dragon ou le cyclope dans les mythologies. Comment en sortir vainqueur ? En faisant preuve d'inventivité !

Au cours de votre aventure personnelle, vous avez l'impression de lutter contre des adversaires « méchants », parce qu'ils s'opposent à vos projets, défendent d'autres idées, ou s'érigent contre vous.

Pour Jung, ce « méchant » représente souvent votre face cachée, c'est-à-dire vos peurs, ou vos défauts, mais que vous ne souhaitez pas reconnaître en vous. Ou bien ce « méchant » représente les terreurs de votre société (l'étranger, l'opposant social, religieux, politique, etc.).

Chacun défend son idéologie, sa culture, mais vos ennemis revendiquent souvent des buts aussi honorables que les vôtres ! Si vous gardez cela à l'esprit, vous considérez votre adversaire comme un être humain, et non comme un diable ou une sorcière. L'autre, c'est un peu vous-même. Ne diabolisez personne, car cela conduit les hommes aux actes les plus terribles.

Le romancier américain Hawthorne déclare ainsi : « L'homme ne doit pas renier sa fraternité, même devant le plus coupable. » Bien sûr, vous devez défendre des causes importantes à vos yeux. Simplement, n'oubliez jamais que votre adversaire a droit au respect.

Le grand obstacle n'est pas forcément un individu. C'est parfois une épreuve immense pour vous. Armez-vous de courage, et même créez-le si vous en manquez ! Le courage n'est pas inné, il s'apprend, il faut du temps. Rollo May en fait le fondement de notre identité : « Chez les êtres humains, le courage est nécessaire pour être d'abord, pour devenir ensuite. »

Le courage, selon lui, distingue l'homme des autres espèces : « Le gland devient chaîne automatiquement ; aucun engagement n'est nécessaire. Le chaton devient chat en suivant simplement son instinct... Mais un homme ou une femme ne deviennent pleinement humains que par leurs choix et leur engagement à les respecter » dans les multiples actions du quotidien.

Rollo May hiérarchise alors les formes de courage : le courage physique, puis le courage moral lorsqu'un individu développe des valeurs et les respecte, puis le courage social, c'est-à-dire s'investir dans des relations sur le long terme et non sur le mode du zapping.

Quelle est enfin la plus haute forme de courage ? C'est le courage de créer. Au cours de ses aventures, le héros invente des solutions pour s'en sortir. Elles n'existent pas toutes prêtes. Dans chaque aventure, bricolez votre technique personnelle du bonheur.

Quand vous êtes dans la nécessité, vous sortez de vous-même, vous faites des gestes dont vous ne vous seriez pas cru capable, c'est une question de réussite ou d'échec : vous frappez alors à telle porte pour demander un emploi, vous saisissez une opportunité de montrer vos talents, vous osez faire une proposition sans attendre que les autres s'avancent vers vous, d'autant qu'ils ne viendront sans doute pas...

Par exemple, Sabine, une femme de trente-cinq ans, raconte comment elle a quitté son quotidien parisien où elle faisait du théâtre et des petits boulots. Elle a soudainement ressenti un coup de cœur pour une professeure de chant, franco-italienne, simplement en l'entendant à la radio : c'était son appel vers une aventure nouvelle. Elle est rapidement partie suivre des cours de chant avec elle à Rome, en Italie.

Sabine a appris l'italien, a travaillé dans cette langue pour subvenir à ses besoins et recommencer à zéro dans le domaine du chant... mais elle n'ose jamais se mettre en avant par rapport aux autres étudiants. Elle a peur d'être en trop, car elle a moins d'expérience qu'eux. Un jour, une des solistes du chœur est malade. Sabine ose, lève la main, se propose. Il y a un temps d'hésitation chez la professeure, qui finalement accepte. C'est un succès ! Désormais, Sabine se voit offrir de plus en plus de rôles pour chanter. Elle a trouvé sa propre place.

L'important, c'est de poser ainsi votre espace, sans vous sentir coupable de le faire, sans avoir l'impression de prendre celui des autres, sans vous comparer sans cesse. Vous osez vous présenter de la manière la plus valorisante, convaincre les autres que vous êtes l'oiseau rare dont ils ont besoin.

Mais n'attendez pas d'être applaudi ensuite pour votre victoire, félicitez-vous vous-même !

Déterrez du positif dans votre zone d'ombre intérieure

Le plus grand adversaire que vous combattez s'agite au fond de vous, dans votre zone d'ombre. Le chaman Élan noir déclarait ainsi : vous obtenez en vous-même la paix, en luttant contre vos ennemis intérieurs ; de plus, il n'y aura aucune paix durable entre les nations tant que l'homme ne l'établira pas au fond de son âme.

Tous les personnages des mythes, le héros, le mentor, les alliés et l'adversaire monstrueux, sont en fait des parties de votre personnalité, comme l'enseigne Carl Gustav Jung.

Le héros, c'est la belle image que vous avez de vous ; elle symbolise votre pouvoir intérieur. L'ennemi incarne votre zone d'ombre. C'est le monstre ou le tyran que vous devenez parfois, et que vous évitez de regarder dans un miroir, mais les autres, eux, le voient. Ou bien cette ombre rassemble tous les désirs que vous ne vous avouez pas : envie de trahir, de lâcheté...

Apprenez à en prendre conscience, sans vous juger. Citez par exemple six choses que vous ne vous autorisez jamais.

Il y a des actions terribles : tuer votre chef, voler à l'étalage, abandonner quelqu'un... Celles-là, écrivez-les, accomplissez-les sur un papier, dans un dessin, un jeu de rôles, pour les détacher de vous. Vous n'avez pas besoin de vous identifier à ces désirs-là, mais simplement d'en reconnaître l'existence. Chacun en possède, c'est humain.

Mais il y a d'autres choses aussi dans votre zone d'ombre, pas si terribles que ça : démissionner de votre travail, changer de pays, vivre des fantasmes sexuels...

Plus vous observez vos ombres, plus certaines d'entre elles perdront leurs aspects maléfiques, et plus vous déterrerez du positif : des rêves que vous n'osez pas réaliser alors qu'ils vous seraient nécessaires.

Dans le mythe nordique de la *Volsunsa saga*, le héros Sigurd part combattre le dragon Fafnir. Quand il aperçoit les empreintes de pattes énormes du dragon, il est d'abord terrifié. Mais il dépasse sa peur, et creuse plusieurs trous sur le chemin qu'emprunte le dragon. Il se tapit dans l'un d'eux.

Dès que Fafnir passe au-dessus de lui, Sigurd transperce le ventre mou de la bête avec son épée et celle-ci meurt dans le trou suivant. Le héros évite ainsi d'être touché par le sang empoisonné.

Sur les ordres de son compagnon Regin, il arrache alors le cœur de l'animal, et le fait cuire au-dessus d'un feu de bois pour que Regin puisse le consommer.

Pour vérifier que le cœur est assez cuit, Sigurd tâte de ses doigts la viande, mais il se brûle. Il porte ses doigts à sa bouche pour lécher la plaie. Aussitôt que le sang cuit de Fafnir touche sa langue, Sigurd reçoit un don magique : il entend le langage des oiseaux !

Ces derniers lui révèlent que Regin est un traître, qui va l'assassiner. Les oiseaux lui conseillent de le tuer avant, et de manger lui-même un morceau du cœur de Fafnir, puis d'aller dans la tanière du dragon pour récupérer son trésor immense, enfin de se rendre auprès d'une femme Brynhild dont il tombera éperdument amoureux.

Ce mythe vous apprend ainsi qu'une fois les différents démons tués, le héros absorbe une partie de son ennemi pour accomplir sa destinée. Dans votre personnalité, il s'agit de prélever une petite partie de votre zone d'ombre qui puisse devenir positive.

Pour découvrir cet aspect bénéfique, demandez-vous : « Est-ce que c'est vraiment terrible si je fais ceci ou cela ? Est-ce que je ne suis pas en train d'enfouir mes propres talents dans l'ombre ? »

En effet, vous représentez souvent votre pire ennemi. Holga m'a raconté cette expérience personnelle. Son père venait de mourir d'une crise cardiaque inattendue à soixante-cinq ans. Elle n'avait pas trouvé le métier de ses rêves et travaillait dans une entreprise où elle se sentait inadaptée. Elle doutait aussi de sa relation de couple.

Subitement, un vendredi, ces accumulations de douleurs l'ont conduite à demander un congé sabbatique d'un mois sans salaire à son patron. Deux jours plus tard, elle prit un billet d'avion pour le désert de l'Arizona. Elle agit tout de suite, sans consulter personne, sans plans, sans demander la permission à son compagnon. Elle loua une voiture malgré sa peur de conduire seule. Elle traversa un désert puis se retira dans un hôtel, juste pour écrire et réfléchir au milieu de nulle part.

Elle expérimenta alors ce temps de retraite comme la quête visionnaire des chamans dans leur mythologie amérindienne : un apprenti est envoyé seul dans une forêt où il doit survivre, jeûner, et recevoir des visions personnelles pour saisir son destin.

Plus Holga écrivit ses rêves et ses souvenirs, plus elle eut la sensation de récupérer des aspects d'elle-même oubliés : la petite fille joyeuse, l'adolescente artiste... À partir de ce moment, elle comprit avec plus de lucidité ses relations aux autres. Elle vit combien elle était sa pire ennemie, celle qui se dévalorisait, se culpabilisait et s'empêchait d'exister avec ses propres aspirations au bonheur.

Holga décrit cette expérience comme un véritable rite initiatique pour rendre sa vie, de nouveau, positive. Elle déclare : « Maintenant, j'ai les yeux ouverts et je ne vais jamais les refermer. » À son retour de voyage, elle a commencé une psychanalyse pour l'accompagner dans sa quête.

On ne se connaît pas, on se fuit sans cesse. Vous ne reconnaissez pas votre zone d'ombre, parce que ce n'est pas agréable de vous y confronter. Alors elle reste enterrée dans votre inconscient. Or c'est justement en refusant de l'affronter, que vous serez envahi par le côté obscur de vous-même.

Des temps de retraite loin de votre quotidien ordinaire vous permettent de la découvrir, puis d'en extraire du positif. Alors vous êtes capable de gérer les situations les plus complexes.

« Laissez mourir » le négatif et tout ce qui bloque votre avancée

Parfois vous avez besoin de « laisser mourir » une partie importante de votre attente personnelle, de votre égoïsme aussi, pour réaliser votre objectif : c'est une forme de sacrifice volontaire.

Un sacrifice ne nécessite pas toujours de faire mal. Un geste gentil par lequel vous mettez de côté votre intérêt personnel pour quelqu'un d'autre, cela représente un petit sacrifice qui n'est en rien douloureux. Aidez, rendez service sincèrement sans calcul, sans attendre un retour : cela aura des conséquences positives. Certains vous soutiendront à leur tour de tout cœur.

Que le sacrifice ne soit pas pour autant votre idéal ! Par exemple, quand vous pratiquez un sport, si vous en faites trop, vous abîmerez votre corps et mettrez en péril votre passion.

Dans d'autres situations, par de trop grands sacrifices, vous risquez de détruire vos aspirations les plus importantes : « Je ne ferai pas ceci ou cela, car je dois me sacrifier pour ma famille, mes enfants qui sont encore petits, soutenir mon conjoint, ils ne peuvent pas s'en sortir sans moi, etc. » L'esprit humain est compliqué : parfois, il se pare de jolies couleurs pour cacher nos faiblesses.

Suzy, une thérapeute californienne que j'ai rencontrée aux États-Unis, à San Francisco, travaillait avec ses patients sur la notion de sacrifice. Elle en donnait un sens différent de la version courante.

Vous pensez parfois que, pour faire un sacrifice, vous supprimez une chose très importante pour vous, à laquelle vous tenez plus que tout. Mais vous êtes surtout invité à sacrifier ce qui est négatif dans votre vie, et surtout à ne pas détruire vos objectifs !

Autrement dit : continuez à suivre votre bonheur ! Mais « faites mourir » tout ce qui bloque votre avancée : vos peurs d'enfant, vos plaintes et votre inertie pour enfin réagir face à vos problèmes.

Observez ce qui dans votre personnalité, dans vos relations actuelles, dans votre réalité matérielle vous empêche d'accomplir vos projets, tout ce qui ravage le fruit de vos efforts, des doutes, des traumatismes anciens, une angoisse ou une relation amoureuse, amicale, familiale...

Dites au revoir à ce qui ne vous apporte plus de positif, sans regrets ni colère. Cette décision sera un travail psychologique intime sur le long terme, ou au contraire elle vous soulagera immédiatement.

Suzy dit ainsi : « Imaginez une vie où il n'y a pas d'erreurs, juste des leçons à apprendre et des corrections à apporter au fur et à mesure. Concentrez votre énergie avec sagesse sur certaines personnes et pas sur d'autres, sur certains projets et pas sur d'autres. Laissez mourir ce qui ne fonctionne pas afin de pouvoir renaître différent. Un sacrifice permet une transformation et donc un épanouissement. »

En juin 2011, un couple d'amis reçoit un appel téléphonique en pleine nuit. C'est un membre du consulat français qui leur apprend une nouvelle effroyable : leur fils aîné de vingt-deux ans s'est perdu sur le flanc d'un volcan en Inde, depuis deux jours. Les secours ne le retrouvent pas.

Depuis son adolescence, ce garçon ne trouvait pas de raisons de vivre, il n'aimait que les filles et la drogue, il touchait un peu à tous les arts, surtout la musique, il avait fait des études sans conviction, il se lançait dans des expériences extrêmes.

Lorsqu'il perdit de vue ses amis sur le volcan, parce qu'il avait souhaité s'éloigner d'eux au cours de la promenade, il ne s'inquiéta pas ; il était persuadé de les rejoindre sans difficulté. Mais il n'y parvint pas. Cela dura trois jours, sans eau ni nourriture.

Quand il fut finalement repéré, il avait radicalement changé. Il rentra chez lui, il demanda à travailler avec son père architecte, et désormais il s'investit dans ce métier. Placé face à sa propre mort, il a décidé de son sort en urgence. Il est devenu adulte à ce moment-là.

N'attendons pas de telles expériences, où tant d'autres ont eu moins de chance que ce garçon, pour réagir. Comme le note Joseph Campbell : « Les mythes nous disent, par exemple, que du fond de l'abîme retentit la voie du salut. Le moment le plus sombre est celui qui précède la véritable transformation. C'est des ténèbres que jaillit la lumière. »

Ce garçon a expérimenté un voyage à travers la mort, semblable aux descentes aux Enfers dans la mythologie. De nombreux récits racontent ainsi la descente victorieuse de héros ou d'héroïnes au royaume des morts et leur remontée.

Orphée réussit à en sortir, mais sans sa femme qu'il était venu rechercher. J'interprète ce passage comme un apprentissage du sacrifice. Dans le poème de Rilke, *Orphée, Eurydice, Hermès*, Eurydice ne comprend plus qui est Orphée. Elle appartient déjà à la mort comme un fantôme. Quand Orphée se retourne vers elle et la perd à tout jamais, elle n'en ressent aucune tristesse. Elle s'en retourne tranquillement.

Eurydice représente alors la partie de lui qu'Orphée laisse mourir afin de quitter son passé amoureux, et de renaître à une vie différente, dédiée à d'autres possibilités d'amour, et à la musique.

Dans ce cas, c'est un passage douloureux, ressemblant davantage à l'Enfer au sens d'un lieu de supplices. Mais en acceptant de traverser une série de problèmes et de douleurs, vous atteindrez, au-delà, votre paradis personnel. Rollo May insistait beaucoup sur ce point auprès de ses patients.

Et vous en sortirez. La descente aux Enfers, ou en Enfer, n'est qu'une étape sur le chemin de votre accomplissement.

Partagez l'élixir que vous avez trouvé

Qu'est-ce que l'élixir ? C'est la récompense que les héros dans les mythes reçoivent au bout de leur aventure, ce qui rend votre vie positive, et ce pour quoi vous avez traversé tant d'épreuves : l'amour, la réussite d'un projet, de l'argent, une œuvre d'art ou un message spirituel...

Schopenhauer, dans ses *Aphorismes sur la sagesse dans la vie*, écrit à ce sujet : « Nous trouvons souvent autre chose, parfois mieux que ce que nous cherchions ; souvent aussi, ce que nous cherchons, nous le trouvons par une tout autre voie que celle vainement suivie jusque-là. » Il ajoute qu'à la place d'une joie temporaire, vous acquerrez une connaissance de vous plus durable que le plaisir recherché au départ.

Comme le déclare Antoinette, pour en venir à nous tourner vers les autres, à les aimer, à retenir par exemple nos désirs les plus cruels, « il faut être éveillé à soi d'abord, se connaître d'abord, se rencontrer soi-même. Nous avons besoin de prendre conscience de ce que nous sommes : une créature fabuleuse ! » Ce chemin de connaissance de soi forme à lui seul un élixir très difficile à atteindre !

Chaque fois que vous accomplissez ainsi une aventure, vous escaladez des degrés nouveaux de sagesse et de compétences. Vous ne revenez jamais au point de départ : l'aventure vous a modifié en profondeur. Elle vous a initié.

Il est tentant alors de garder ce bienfait pour vous-même, mais d'autres en ont besoin aussi autour de vous. Partagez votre réussite avec vos proches ou la société.

De grands hommes d'affaires deviennent parfois des philanthropes, c'est-à-dire qu'ils consacrent une partie de leur temps et de leur fortune à des projets caritatifs, à fonder des associations humanitaires ou à soutenir des idées nouvelles dont la société pourra bénéficier un jour.

Le héros d'une aventure se transforme alors en mentor pour les autres. L'aventurière Roz Savage, dont je vous ai parlé en début de ce livre, accomplit désormais ses traversées pour des causes écologiques, alors qu'elle avait d'abord effectué la première pour elle-même. Son slogan a d'ailleurs évolué ; il est devenu : « Ramez vers un futur plus vert ! »

Accomplir votre désir le plus profond, suivre votre aventure intime, cela transforme ainsi peu à peu vos buts : de la réalisation de votre ego, cette image positive de vous-même, à son dépassement sur un plan plus spirituel.

Ou bien le fruit de vos aventures transpire désormais à travers vous, sans même que vous ayez besoin d'en parler, à travers vos actes, comme des radiations positives qui touchent les autres. Il est possible de garder le silence sur votre découverte précieuse et de la laisser se diffuser peu à peu à travers vous, comme une essence parfumée.

Dans les mythes celtiques, il arrive souvent qu'un héros revienne de l'autre monde en se vantant de ses aventures extraordinaires, mais lorsqu'il veut montrer l'or amassé dans sa besace, il ne reste que des grains de poussière. Nous sommes invités à un peu d'humilité.

Ou encore, vous faites preuve de patience et de pédagogie, pour transmettre votre savoir, révéler une sagesse sans dogmes, ou présenter une nouveauté.

Ne vous attendez pas à être toujours bien accueilli par la société ; elle vous reprochera votre liberté d'action ou de pensée, ou bien elle ne sera pas intéressée par ce que vous partagez avec elle.

Votre nouveau talent ne lui sautera pas aux yeux : c'est une nouvelle aventure qui s'annonce pour vous afin de lui en montrer l'intérêt. Vous n'agissez plus seulement pour votre bonheur personnel désormais, mais vous cherchez à servir la société.

Et puis repartez en quête, vous avez certainement d'autres désirs à accomplir !

Si l'aventure échoue ? Recommencez !

Si vous n'avez pas encore atteint votre but, l'aventure s'avère déjà un bien en elle-même. Faites une pause. Avez-vous tenté toutes les possibilités ? Vos craintes vous ont-elles barré la route ? Parfois, vous avez aussi peur de la réussite et de ses conséquences. Que pourriez-vous tenter ? Recommencez par un autre chemin, muni de votre expérience. Transformez l'échec en renouveau. Peut-être renoncerez-vous à votre premier désir pour en déceler un autre, plus fort.

Il existe des mythes qui finissent par la victoire du héros et d'autres qui se terminent par un échec. Même dans ce cas, l'aventure est fertile.

Dans un mythe français célèbre, Mélusine est une fée victime d'une malédiction : tous les samedis, le bas de son corps se transforme en queue de serpent. Elle vivra heureuse et fondera une grande lignée si un homme accepte de l'épouser, mais de ne jamais la voir le samedi.

Mélusine rencontre près d'une fontaine en pleine forêt le jeune Raymondin qui a d'énormes problèmes : sans terres ni fortune, il est accusé en outre d'un crime qu'il n'a pas commis. Mélusine lui propose de l'aider ; en échange, Raymondin promet de l'épouser et de ne jamais voir sa future femme le samedi.

Mélusine obtient par son intelligence tout ce qui manque à son mari, et elle lui donne dix enfants. Elle construit le château de Lusignan. Avec ses pouvoirs de fée, elle s'envole la nuit. Elle édifie dans la région les murailles de La Rochelle et des églises.

Raymondin finit malheureusement par trahir sa promesse et Mélusine s'enfuit alors brutalement par la fenêtre de leur château, victime de la malédiction.

Malgré cette conséquence tragique d'une promesse rompue, Mélusine est un modèle humain génial, une bâtisseuse. Elle construit tout par elle-même : sa réussite amoureuse, professionnelle, familiale, sociale.

L'existence est ainsi une construction pierre par pierre, qui échoue parfois, qui se révèle imparfaite aussi, car Mélusine, quand elle était surprise la nuit dans ses travaux, laissait un monument inachevé.

Mais cette héroïne a pris la vie comme une aventure positive, même si son objectif s'effondre ensuite. De même, Joseph Campbell dit : « On ne peut juger la vie inutile parce qu'elle se termine par la mort. »

Et un jeune homme nommé Sébastian nous confie sa maxime personnelle : « Tu ne perds pas quand tu es vaincu, tu perds quand tu abandonnes... »

La vie offre des instants de triomphe et de ravissement à placer précieusement dans votre mémoire. Comme le dit Marie, mon amie psychanalyste, mettez tout cela dans votre boîte à trésors, au fond de vous, pour les contempler à nouveau dans vos moments de découragement, et repartez ensuite à l'aventure.

Prenez conscience que votre quête est unique

Si tout le monde développe un héros en soi, est-ce qu'on ne risque pas de se ressembler tous à la fin ? Si ce qui vous motive, c'est la sensation de vous rendre plus loin que les autres, une telle pensée ne vous incite plus à vous dépasser... C'est une remarque intéressante qu'une adolescente de dix-huit ans m'a faite.

Ce que chacun rapporte, au terme de ses aventures personnelles, est inédit. Votre quête n'a jamais été expérimentée par d'autres que vous, et vous ramenez une pierre unique à ajouter à l'édifice des expériences humaines.

Si chacun accomplit une aventure positive, le monde ne serait-il pas plus paisible, plus harmonieux ?

Enfin, chacun réalise une quête à son échelle, selon ses besoins. Dans les contes, les héros cherchent souvent de l'argent pour leur famille et une meilleure condition sociale. Dans les mythes, d'autres aventures se déroulent à une échelle plus vaste, avec des épreuves plus grandes pour apporter un bienfait à un groupe, un pays ou même au monde.

Une vie bien remplie enchaîne les aventures héroïques les unes après les autres, et tend, au fur et à mesure, vers plus d'humanité envers tout ce qui existe.

CHAPITRE III

Choisissez un héros mythique bénéfique

Vous avez découvert que vous êtes le héros ou l'héroïne de votre propre vie, engagé(e) dans une aventure personnelle. Franchissez désormais une étape supérieure : développez les parties de vous les plus généreuses. Tournez-vous davantage vers les autres pour rendre la vie collective plus positive.

Un mythe ne se réduit pas à un individu exemplaire. Mais il braque le projecteur sur certaines personnalités inoubliables.

Voici donc une liste, non exhaustive, de héros mythiques bénéfiques pour prendre conscience de vos pouvoirs, de vos ombres aussi, et cultiver le meilleur en vous !

Cultivez un héros du quotidien comme Philémon et Baucis

Votre côté lumineux. Ce héros-là se décèle en chacun de vous. Le héros du quotidien est anonyme, il ne cherche pas la reconnaissance. Il agit dans l'ombre, pour son bien-être et celui des autres, afin de vivre ensemble dans les meilleures conditions possibles.

Dans les *Métamorphoses*, Ovide nous conte la bonté de Philémon et de sa femme Baucis. Ce couple âgé mène une existence simple dans une chaumière modeste. Il ne possède aucune richesse, ni aucun confort mais, quand deux étrangers se présentent à la porte, Philémon et Baucis les accueillent aussitôt.

Le vieillard leur offre un siège, tandis que sa femme ranime le feu, puis prépare un repas avec les quelques légumes de leur jardin et des fruits. Ils partagent, avec leurs hôtes, leur unique morceau de porc, conservé longuement. Philémon a la délicatesse de le tremper dans de l'eau bouillante pour attendrir la viande.

Enfin, ils offrent un lit douillet aux étrangers, qu'ils recouvrent d'étoffes réservées aux jours de fête. Leur cadeau le plus précieux réside dans la bonté lisible sur leurs visages.

Or ces deux visiteurs inconnus sont en réalité des dieux déguisés : Jupiter et Hermès. Ces derniers avaient d'abord frappé à la porte de mille autres maisons pour demander l'hospitalité et mille fois elle leur avait été refusée. Les dieux révélèrent leur identité au vieux couple, châtièrent les voisins en inondant le village et récompensèrent Philémon et Baucis en exauçant leurs vœux.

Ce mythe nous rappelle que le héros est simplement un être humain, faisant preuve de bonté. *Herôs* en grec signifie d'abord « demi-dieu », et tout homme ou femme élevé au rang de demi-dieu. Plus largement, le héros désigne parfois les dieux et déesses en tant que personnages d'aventures extraordinaires. Mais *Heros* en latin signifie ensuite « personne de grande valeur », et nous avons gardé ce sens dans nos sociétés ou dans nos romans et nos films.

Le héros ne ressemble donc pas forcément à un « superhéros » de bande dessinée, cet individu doté de tous les pouvoirs qui sauve le monde entier. De même, personne ne vous demande d'être une supermaman ou un superpapa, qui mène en même temps une supercarrière en étant un superconjoint en couple.

Le héros, c'est aussi un homme ou une femme qui, tout à coup, dans un geste du quotidien, montre un peu de son humanité. La « grande valeur » du héros ne se révèle pas seulement dans des circonstances extraordinaires comme une guerre ou un accident. Elle apparaît dans les petits actes ordinaires, comme ceux qu'accomplissent Philémon et Baucis.

Marie, mon amie psychanalyste, me raconta qu'un de ses patients suicidaires lui avait déclaré ceci en séance : « Aujourd'hui, je ne me suis pas suicidé, parce que quelqu'un m'a souri dans la rue. »

La personne souriante n'avait aucune conscience du bien qu'elle lui faisait, mais les répercussions sont énormes. Avec votre sensibilité, vous adoucissez le malheur des autres.

Donnez dans les petits gestes, c'est à la portée de tous : une gentillesse, un service rendu, un effort sur la mauvaise humeur et la fatigue, un peu plus de patience et de politesse dans la rue, dans les transports, un peu plus de respect pour ceux qui vous entourent...

Christophe, un garçon de vingt-deux ans, témoigne ainsi de son expérience : « Après mon bac, je ne savais pas quoi faire comme études, je voulais gagner un peu d'argent, alors je suis devenu caissier au Monoprix à Nice. Je ne m'attendais pas à ça. Les caissiers de supermarché pour certains, c'est le défouloir autorisé. Ils vous insultent.

» Je me suis dit, être caissier, c'est pas ma vie. J'ai quitté au bout d'un an, j'ai passé des entretiens dans des écoles d'architecture et j'ai été reçu. Maintenant, je sais ce que je veux faire, mais je n'oublie pas cette expérience. Au supermarché, je ne dis plus jamais à la caissière : "Vous êtes ouverte ?" Je lui demande : "Excusez-moi, est-ce que la caisse est ouverte ?" Ça m'a appris le respect de tout le monde, quoi qu'il fasse. »

Ce sont deux exemples empruntés à une situation courante, il en existe des milliers d'autres. Laurence nous donne cette jolie définition du héros : « Une personne qui, à partir de l'ordinaire, crée l'extraordinaire par ses actions ou ses pensées. »

Ce héros du quotidien prouve son courage dans les plus petits actes. Une autre personne, Amélie, nous déclare : « Les gens ont peur des héros parce qu'ils pensent aux personnages dans les histoires, les livres ou les séries télévisées remplies de superhéros, alors que le héros, c'est nous tous. Cela arrive à tout le monde de rencontrer quelqu'un, d'écouter l'histoire de sa vie et de se dire : "Nom d'un chien, comment il fait ? Comment elle supporte ? !" Pour moi, les héros, ce sont les facteurs par exemple, qui se lèvent tôt, qui sont maltraités alors qu'ils réalisent un travail énorme. »

Chacun active sa part d'héroïsme. C'est la somme de toutes les parts qui rend la vie collective plus positive. Myriam nous déclare : « Offrez un regard. Osez dire bonjour à des inconnus ou tendre la main à quelqu'un. C'est toujours le premier pas qui compte, mais ce peut être aussi le début d'une belle aventure humaine. »

Votre côté obscur. Tout héros découvre son côté obscur, et cherche à le maîtriser, pour aller plus loin dans ses accomplissements. Celui du quotidien aime la gaieté, et reste joyeux le plus possible dans les soucis journaliers. Il est plutôt fourmi que lion. Il avance à petits pas mais il s'avère capable de grandes victoires sur la colère ou l'agressivité.

Parfois, le courage vous manque à cause des difficultés que vous rencontrez avec les autres. Vous vous refermez sur vous-même, ou vous cédez à des impulsions négatives. Cela arrive à tout le monde. Vous ne vous inspirez pas d'un héros tout le temps ; la vie ne vous apparaît pas toujours comme une belle aventure.

Mais le courage s'intensifie comme un muscle dans votre corps : il a besoin d'une sorte de gymnastique dès le réveil. Chaque jour, proposez-vous un effort en particulier, même petit.

Quand vous vous sentez abattu, pensez à cette phrase que me répète souvent Marie : « Allons, le cœur doit toujours se porter haut ! » C'est une manière de revisiter l'expression « Haut les cœurs ! »

Dans les heures les plus difficiles, soulevez ainsi votre cœur hors des abysses vers l'espoir d'un ciel bleu, remontez dans la journée votre moral, même si l'horloge ne cesse de se dérégler. Hissez votre cœur comme un étendard tout en haut du mât du quotidien, qu'il annonce ainsi la couleur.

Respectez le chant de la nature comme l'enfant pygmée

Votre côté lumineux. La mythologie vous encourage à vous émerveiller de la nature, à vous sentir exactement comme un enfant dans les bras de sa mère. Elle vous branche sur l'univers.

Vous protégez davantage l'environnement, parce que vous y voyez la source de votre existence, mais il reste du travail à faire ! Voici un mythe des Pygmées Mbutis, une tribu du Congo. Un petit enfant trouve un oiseau dans la forêt qui chante la plus belle musique du monde. Il le ramène à la maison, il demande à son père de donner de la nourriture pour l'oiseau, mais le père refuse et tue l'oiseau pour le manger.

Or, dès que l'oiseau meurt, le père s'effondre aussi, mort. En tuant l'oiseau, il s'est visé lui-même. L'ultralibéralisme de notre époque a accentué ce phénomène : l'homme tue l'oiseau, et avec l'oiseau, il tue la chanson, et avec la chanson, il se tue lui-même.

Le mythe est toujours une métaphore ; dans ce cas, c'est l'homme détruisant son propre environnement pour consommer, et ce faisant détruisant sa propre vie.

D'anciens mythes racontent aussi l'accord de l'homme avec la nature : il n'était jamais question de la contrôler pour des besoins économiques. Dans les sociétés fondées sur la chasse, il existait des rituels pour remercier l'animal, car celui-ci offrait son corps pour nourrir les hommes. C'était un bon ami qui coopérait dans une relation mutuelle. Dans les mythes des sociétés agricoles, un être divin, tantôt homme, tantôt femme, acceptait d'être coupé en morceaux et dès que son corps était enterré, alors le maïs, un cocotier, ou d'autres plantes nourricières apparaissaient.

Tous ces récits vous transmettent encore le même message : éprouvez de la gratitude pour les créatures animales ou végétales, qui vous permettent de vivre en les mangeant ! Le héros écologiste en vous en prend de plus en plus conscience à notre époque. Il respecte la « personne » animale ou végétale, afin de maintenir les ressources de tous.

Le héros écologique, c'est un homme ou une femme comme les autres qui, par des petits gestes quotidiens, veille au respect de la nature, qui trie ses déchets, ramasse des ordures sur sa route, participe à un nettoyage collectif, et réduit sa consommation d'électricité.

Il soigne son alimentation, et celle de son entourage. Il s'intéresse à l'origine de ses produits de consommation : ont-ils été fabriqués par des enfants ? Sont-ils issus du commerce équitable ? Le héros écologique se préoccupe toujours d'éthique.

Ségolène a créé, à vingt-huit ans, sa propre société qui propose des produits de développement durable. Lors d'une interview pour la Web TV Savoirchanger.org, elle déclare : « L'essentiel est d'être cohérent avec tes propres valeurs », car « la consommation responsable, c'est être consomm-acteur. Par ton acte d'achat, tu peux agir sur la société, d'un point de vue économique, social et environnemental ».

Consommer autrement, explique Ségolène, c'est s'interroger sur ce qu'on achète, tester et « au final, c'est très ludique » ! On s'amuse en essayant de nouvelles marques biologiques au supermarché, en faisant des expériences alimentaires...

En refusant que le système actuel vous dicte l'ensemble de votre conduite, vous allez progressivement le rendre plus humain. Le héros écologiste de demain fera fermer les entreprises qui polluent, qui vendent des produits provoquant le cancer, ou qui détruisent la nature.

Il fera repousser les forêts. Pensons ainsi à Wangari Maathai, la première femme africaine à recevoir le prix Nobel de la paix, contribuant à la plantation de trente millions d'arbres au Kenya pour limiter l'érosion du sol, et militante pour les droits de la femme !

Votre côté obscur. La nature effraie parfois les hommes, parce qu'elle engendre des catastrophes terrifiantes, à travers des tornades, tremblements de terre et tsunamis. Elle vous rappelle que votre existence finira à un moment ou un autre.

Il est vrai que nos ancêtres pratiquaient des rituels saisonniers dans l'espoir de manipuler la nature, par exemple pour faire venir la pluie. Mais la plupart des rituels avaient en fait pour but d'accepter les phénomènes naturels.

Quand vous vous mettez ainsi en accord avec la nature, en dépassant votre peur de sa puissance incontrôlable, vous éprouvez une harmonie entre les humains, les plantes, et les animaux. Vous considérez la terre comme un organisme vivant.

Dans la mythologie grecque, la déesse grecque Gaïa représente la Terre-Mère de tout ce qui vit, sans distinction de bien ou de mal : elle engendre des divinités autant que des monstres ; elle défend les uns et les autres, car ils sont tous ses enfants. Ce mythe vous invite à éprouver le même respect pour tout ce qui existe.

De plus, vous oubliez parfois le lien entre respect de la nature à l'extérieur et respect de la nature humaine à l'intérieur. Placez-vous en accord avec votre moi spontané, naturel, au lieu de le juger en termes de bien et de mal. Les valeurs morales ne sont pas dans la nature. Ce sont des vues de l'esprit qui divergent selon votre groupe culturel ou religieux, selon le pays où vous êtes né.

Votre nature personnelle n'est pas toujours à corriger parce qu'elle serait corrompue, de même que la nature sauvage ne doit pas être sans cesse domestiquée pour les besoins du « progrès » des hommes. Si l'on pense trop en termes éthiques, cela désintègre l'individu.

Ne considérez pas tous vos élans comme négatifs, inférieurs et devant être sous le contrôle de la raison. Tant que cela ne porte pas préjudice à autrui, écoutez votre instinct et vos désirs, appréciez votre corps au naturel, faites-vous confiance un peu plus souvent.

Défendez une cause juste à l'instar de la guerrière Durga

Votre côté lumineux. Le guerrier ou la guerrière, au fond de vous, lutte contre vos problèmes affectifs ou professionnels, évolue dans des groupes humains où la loi de la jungle risque toujours de ressurgir. Ce héros a de l'ambition, il désire parfois la reconnaissance des autres. Il se soumet à des entraînements intensifs pour réussir ses combats personnels.

Mais il se tourne aussi vers les autres pour défendre des valeurs. Le héros guerrier pense, aime, souffre et cherche à régler ses soucis comme tout le monde. Soudain, en cas d'injustice, il devient l'avocat des causes justes. Ce sont les résistants de toutes les guerres, les infirmières et les médecins, c'est le professeur luttant contre l'ignorance.

La romancière Henriette Chardak, dans son témoignage, nous écrit que le héros, « c'est un *Homo sapiens* réactif et actif. Il, elle, spécule après avoir agi, il ou elle perd la vie pour faire vivre cette phrase faussement attribuée à Voltaire : "Je ne partage pas vos idées mais je me battrai jusqu'à la mort pour que vous puissiez les exprimer."

» En général, l'héroïne ou le héros, une fois son combat passé, rentre chez lui les mains dans les poches, poches qui restent vides. Rares sont ceux qui veulent porter le petit signe d'héroïsme, au revers d'une veste. »

Le guerrier ou la guerrière en vous ne s'investit pas seulement dans des combats physiques, mais aussi dans des luttes plus psychologiques, plus intérieures afin de développer une noblesse d'âme véritable.

Voici un récit hindou à ce sujet : le démon Mahîshâsura massacre les hommes et expulse les dieux du ciel. Personne de vivant ou de divin ne parvient à le vaincre.

Les dieux fondateurs Vishnou, Brahma et Shiva réfléchissent alors au moyen de le tuer. Une tempête éclate, puis un immense éclair de lumière zèbre le ciel. Une femme resplendissante, Durga, en surgit. Elle possède huit bras. Les trois dieux la dotent aussitôt d'armes et d'une combinaison de leurs pouvoirs respectifs. Himalaya, le dieu des Montagnes, se joint à eux pour offrir un tigre en guise de monture.

Quand Mahîshâsura découvre la beauté de Durga, il désire l'épouser. La guerrière s'y engage s'il réussit à la battre. Le démon ne doute pas un instant de l'emporter sur une simple femme, mais il a beau se transformer en animaux féroces ou envoyer ses armées, en neuf jours, Durga défait une à une ses tentatives, puis, le dixième jour, elle le tue, libérant la terre et les cieux de sa tyrannie.

Cette déesse représente l'énergie guerrière, capable de vaincre le mal, même si son adversaire ne cesse de prendre une forme différente.

Le plus instructif dans ce mythe, c'est la symbolique du tigre et des armes, avec lesquelles Durga pourfend Mahîshâsura. Le tigre représente l'immensité de son pouvoir, mais canalisé, mis au service d'une cause juste.

Le démon incarne les pulsions du mal qui animent chaque être humain : aussi devez-vous mener une guerre intérieure contre celles-ci. À votre tour, vous avez reçu les armes de Durga pour cette lutte.

Ces différentes armes sont les qualités que vous cultivez : le détachement pour limiter votre égoïsme, la connaissance de vous-même pour maîtriser votre colère, la bienveillance pour éliminer la rancune et la haine, le sens de la justice contre la tentation du crime... et surtout l'amour universel.

Pour Maïa, ses héros sont ceux qui ont vécu la Seconde Guerre mondiale et qui, en tant que juifs, ont été persécutés, mais aussi ceux qui ont traversé des guerres intimes solitaires : « J'ai des héros : mes grands-parents qui ont connu la guerre, qui ont survécu et sont devenus une famille très soudée ;

certains amis qui ont eu des enfances solitaires et tristes, mais qui sont devenus des adultes pleins de joie de vivre et généreux avec les autres. »

De plus, vous savez que la violence physique semble constitutive de l'homme mais, à notre époque, vous valorisez les « guerriers » de la non-violence, ceux de la désobéissance civile, des mouvements militants pacifistes, toute résistance qui ne passe pas par la force physique.

Des figures historiques comme celles de Sœur Emmanuelle en France, Martin Luther King aux États-Unis ou Gandhi en Inde, et Aung San Suu Kyi au Cambodge inspirent votre chemin...

Vous êtes sensible aussi aux inégalités de richesse et de conditions. Vous mettez votre énergie parfois au service d'associations. Ronald nous déclare : « La course à pied m'a donné l'occasion de prouver que j'étais un être sincère et pas seulement une personne qui dit de belles paroles sans agir.

» Je suis devenu un homme d'action en utilisant la course à pied pour faire la promotion des bonnes causes qui me tiennent à cœur telles que : la lutte contre le cancer du sein chez les femmes, les enfants malades, la solidarité envers les personnes handicapées. »

Vos prises de position protègent les autres. Henriette nous raconte ainsi ce souvenir inspirant : « J'ai cinq ans et c'est la photo de fin d'année sous le préau de la maternelle. La maîtresse refuse qu'une fratrie pause, elle avait surnommé ces enfants les pisseux, car ils étaient trop pauvres pour avoir des vêtements de rechange. Ils étaient beaux comme des angelots aux boucles d'or, l'air triste.

» J'ai fait du chantage en justicière, moi la petite à couettes, frange bien droite, veste marine et socquettes blanches : si les deux frères et la sœur ne figuraient pas sur la photo, je me retirais du premier rang et mon père demanderait pourquoi. Rires affectueux de la classe. Mais la représentante de son ordre refusa d'accepter les “pisseux”.

» Je m'adressai ensuite au photographe qui se cacha derrière le drap noir de sa lâcheté. Je pris ma timidité à mon cou et courus chez la directrice qui me donna raison. Ouf ! Malgré les représailles contre moi, les petits blonds de la rue Berceau sont immortalisés sur papier glacé. »

Comme le décrit Angeles Arrien dans *Les Quatre Voies de l'initiation chamanique*, le but ultime du guerrier, ce n'est pas de créer du conflit, mais de faire régner la paix.

Claire témoigne ainsi : « Mon héros, c'est le Dalaï-Lama et le peuple tibétain en général, qui m'a appris à me détacher de mes petits problèmes quotidiens et à croire aux vertus de la persévérance dans une cause, même si elle semble perdue. »

Enfin, le guerrier de demain sera celui qui moralisera la finance, réinventera le système économique, ou qui luttera pour qu'aucun enfant ne travaille dans des usines ou des mines, pour qu'aucune femme ne soit obligée de vendre son corps pour survivre, comme nous y invite également Henriette. C'est cet indigné qui fera en sorte que la déclaration universelle des droits de la personne soit universellement respectée.

Votre côté obscur. Le côté obscur du guerrier, c'est le tyran qui se donne de bonnes excuses pour agir comme il l'entend. L'ambition parfois aveugle, ou un désir de reconnaissance. Votre égoïsme domine alors. Vous servez vos intérêts, vous exigez la perfection de vous-même comme des autres, alors que celle-ci est impossible. Vous ne voyez pas la valeur des autres, et d'ailleurs vous doutez aussi de la vôtre.

Le monde risque de vous apparaître de façon dualiste entre les bons et les mauvais, le bien et le mal, le blanc et le noir. Remettez en question parfois vos idées, ou les moyens dont vous usez pour les défendre.

Les divinités guerrières ont ainsi servi de prétexte à des cultes sanglants : au cours des guerres, les princes hindous recouvraient de sang les autels de Durga en sacrifiant des prisonniers, comme si la déesse s'abreuvait de celui-ci.

Vous avez aussi tendance à prendre la colère pour moteur de vos actions, et celle-ci blesse, ou discrédite votre cause.

La colère prend ainsi possession d'une guerrière dans ce mythe égyptien : la déesse Hathor. Après avoir puni les hommes qui avaient blasphémé contre le dieu suprême Rê, elle prit goût au sang, et se mit à perpétuer des massacres sous la forme d'une lionne, même parmi les innocents.

Hathor ne parvenait plus à se contrôler. Par ruse, le dieu Rê parvint à enivrer la déesse, en lui faisant boire du vin rouge à la place de sang humain, jusqu'à évanouissement. À son réveil, Hathor avait tout oublié : elle était redevenue bienveillante.

N'oubliez pas qu'il existe un guerrier de tous les jours, celui qui laisse son intérêt personnel de côté, de temps en temps. Comme le déclare Joseph Campbell : « Quand nous arrêtons de penser en premier à nous-mêmes et à nos désirs, à notre propre préservation, à notre survie, nous expérimentons une véritable transformation héroïque de conscience. Et tous les mythes racontent ces transformations.

» Vous pensiez d'une certaine manière et maintenant vous pensez d'une autre manière. Cela arrive à travers les épreuves et les moments de révélation et d'illumination. Épreuves et révélations. Il y a toujours un but à accomplir », pour soi et pour les autres.

N'ayez pas peur d'agir même si le résultat est imparfait, comme Prométhée

Votre côté lumineux. Vous agissez, mais en sachant toujours que vous risquez de vous tromper. Vous regardez le monde avec lucidité, vous savez qu'une action positive engendre parfois des conséquences néfastes.

Prométhée nous en donne un exemple édifiant. Protecteur des hommes, ce dieu grec remet en cause la justice de la société à laquelle il appartient. Il s'élève contre le chef des dieux, Zeus. Ce dernier refuse en effet de donner le feu aux êtres humains.

Prométhée le dérobe et l'offre aux hommes. Il ne considère pas que les lois divines dictent le bien. Il n'hésite pas à se rebeller. Son nom même indique qu'il a pris le temps de peser le pour et le contre avant d'agir. L'une de ses significations est le « prévoyant », c'est-à-dire « celui qui réfléchit avant ».

Le cadeau du feu s'avère clairement un bienfait car, grâce à lui, les hommes apprennent différentes techniques et arts, ils entrent dans une civilisation du progrès.

Pourtant, dans la version d'Hésiode, cette avancée positive provoque l'avènement d'un grand malheur. En représailles contre les hommes et Prométhée, Zeus demande au dieu forgeron, Héphaïstos de fabriquer une statue de femme.

La rusée Pandore est ainsi créée pour apporter aux hommes une jarre fermée dans laquelle tous les maux sont rassemblés. Elle est accueillie par le frère de Prométhée, nommé Épithémée, c'est-à-dire « l'irréfléchi » ou « celui qui réfléchit après ».

La jarre est ouverte alors si bien que tous les malheurs se répandent sur la terre. Seule l'Espérance demeure au fond de la jarre.

Malgré lui, Prométhée, en faisant le bien, a également provoqué un malheur. Son action reste imparfaite, mais il a agi quand même.

Comme ce héros, vous faites preuve de lucidité. Vous vous interrogez : l'acte de Prométhée provient-il d'un désir désintéressé de rendre service aux hommes ou d'une simple rivalité entre dieux ? Vous savez que les motivations de vos actes s'avèrent complexes, mélangées. Le bien et le mal sont souvent une question de point de vue.

De même, vous pensez que chaque homme ou femme pourrait devenir, en certaines circonstances, le bourreau d'un autre : cela va des vexations quotidiennes à la torture en temps de guerre.

Même le mot « héros » vous gêne. La Rochefoucauld, au XVIIe siècle, notait déjà dans ses maximes : « Il y a des héros en mal comme en bien. »

D'ailleurs, un terroriste se sacrifie pour son but, à l'image des héros, alors qu'il détruit des vies humaines. Vous pensez qu'il ou elle agit, non pour un idéal, mais « pour le triomphe de ses préjugés » comme le dit le sociologue Albert Brie. Même certains militants d'une cause, en apparence juste, peuvent devenir violents.

Votre courage réside dans le désir d'agir malgré tout, sans céder au pessimisme ou à la paralysie que des tels constats risquent d'entraîner en vous.

Pour reprendre les propos de Rollo May dans *Le Courage de créer*, cela vous demande un courage moral immense, car la lâcheté la plus courante consiste à dire : « Je ne voulais pas me mêler de ça », donc à refuser de percevoir la souffrance d'un autre ou une injustice. Il ajoute : « Ce n'est pas en étant uniquement nous-mêmes que nous devenons meilleurs mais aussi en participant à l'affirmation d'autres êtres. »

Alors que faire de vos pulsions agressives ? C'est un problème avec lequel chacun compose. De votre côté, vous restez toujours vigilant. Vous vous remettez en question, vous n'estimez pas détenir la vérité.

Vous cultivez en vous la bienveillance. Comme le déclare Joseph, un homme de soixante-dix ans : « Je souhaite que ma propre attitude puisse être un miroir du bien, un appui pour un changement positif. »

Votre côté obscur. Par périodes, vous vous sentez pessimiste et vous avez envie d'abandonner vos projets, ou vous désespérez de vos efforts. Vous vivez des accès de mélancolie. Vous recherchez alors la solitude et à fuir la société, mais cela intensifie votre angoisse.

Tout être humain est semblable à une goutte d'eau qui cherche à rejoindre une rivière ou un océan, nous rappelle le psychologue Ira Progoff : ne vous déconnectez pas de la société, tentez un compromis avec son mode de fonctionnement et celui des êtres humains.

Ne pensez pas que tout acte est vain ; agissez plutôt sans attendre de résultats. Leyla, une étudiante de vingt ans, nous déclare ainsi : « Ce qui est important n'est pas toujours le résultat qu'on obtient ou le choix effectué, mais plutôt le fait de le réaliser et de réagir face à chaque situation. »

Sauvez même des inconnus en suivant le roi hindou Vipaçcit

Votre côté lumineux. Vous sauvez les autres, quels qu'ils soient, en prenant des risques. Le bonheur d'autrui passe alors avant le vôtre.

Un mythe hindou bouleversant, dans les *Purâna*, décrit le passage du roi Vipaçcit en

Enfer : bien qu'ayant adopté tout au long de sa vie une conduite exemplaire, ce roi subit quelques instants l'Enfer, pour une faute infime, accompagné par un serviteur des dieux.

Vipaçcit se montre d'abord peiné d'être puni. De plus, même un bref passage en Enfer lui cause une souffrance intolérable. Cependant, il réalise ce qu'endurent les damnés, qui restent éternellement dans ce lieu de douleurs.

Au moment où Vipaçcit est autorisé, enfin, à quitter cet endroit, un cri s'élève :

– Fais-nous cette grâce de rester un instant de plus. Ta pureté apaise nos tourments, et soulage nos membres.

Le roi, interloqué, comprend que, par sa seule présence, il allège la punition des damnés. Il déclare alors :

– Rien ne donne plus de bonheur que de procurer l'apaisement à ceux qui souffrent. Je resterai donc ici, solide comme un roc.

Le serviteur tente de l'en dissuader. Les dieux supérieurs viennent en personne en Enfer pour l'en arracher et le conduire au ciel. Tous argumentent en précisant combien ces âmes ont mérité leur châtiment. Vipaçcit demeure ferme :

– Honte à l'homme qui n'aide pas les malheureux, les malades ou ceux qui l'appellent au secours, même s'ils sont ses pires ennemis ! Faire cesser leur peine par ma présence vaut davantage que tous les plaisirs du Paradis.

Le roi réclame alors que tous les pécheurs soient libérés de l'Enfer, si les dieux tiennent vraiment à ce qu'il les suive au ciel. Indra exauce sa prière. Grâce à Vipaçcit, toutes ces âmes inconnues sont délivrées.

Ce récit mythologique révèle combien un des plus hauts sentiments humains est la compassion pour le sort des autres, au point de participer volontairement à leur souffrance et de tout tenter pour eux.

Ce héros en vous est aussi un secouriste. Dans les faits divers, c'est l'enfant qui défend une fillette de son école parce qu'elle menace d'être kidnappée par un inconnu, c'est l'adulte qui se jette sur un homme en train d'agresser une femme, celui qui court après un voleur de sac alors même qu'il sera en retard à son travail.

Voici un témoignage émouvant de Karine, une jeune femme de trente-sept ans, sur son père sauveteur en mer dans le port de Mèze : « Mon père n'était pas seulement mon héros, mais celui de tout un village à Mèze. Il a été sauveteur en mer pendant quarante ans, et j'avais le bonheur d'embarquer avec lui quand il y avait un sauvetage sans grande importance, comme un bateau coincé dans le sable, j'étais fière, mais fière !

» Je me rappelle un jour où la sirène a sonné pour secourir un bateau en perdition, il y avait une tempête de tous les diables, un vent de folie, les quelques sauveteurs présents ont refusé d'aller sur l'eau en prétextant qu'ils avaient une famille et qu'ils voulaient vivre !

» Mon père ne s'est jamais posé cette question, et il a dû partir tout seul avec le bateau. Mon sentiment fut un mélange de peur et de grande fierté, qui s'est confirmée quand il est revenu quelques heures après avec les marins échoués... Je pourrais en dire bien plus sur mon héros de père qui me manque tant... »

L'idée de sauver l'autre est alors plus importante que tout, parce qu'en tant que sauveteur, vous ne pourriez pas vivre si l'autre mourait ou souffrait. Vous participez de la même essence vitale.

Schopenhauer, grand lecteur de la mythologie hindoue des *Upanishad*, écrit ainsi : « Si nous sommes émus, heureux en apprenant, et plus encore en contemplant, mais surtout en accomplissant une action généreuse, c'est au fond que nous y trouvons une certitude, la certitude qu'il y a au-delà de la multiplicité [...] une unité réelle, accessible même pour nous. »

Schopenhauer insiste sur l'unité de tous les êtres humains, au-delà de leurs différences apparentes. De même, le héros sauveteur en vous comprend combien votre voisin, dans le métro ou le bus, est votre semblable. Devant vos yeux, les différences culturelles, religieuses ou sociales s'effacent. Vous voyez l'autre comme un reflet de vous-même, et cela vous rend plus généreux.

Votre côté obscur. Vous vous placez au niveau du cœur au-delà des besoins égoïstes, mais vous foncez parfois tête baissée, et vous agissez avant de réfléchir. Vous n'écoutez pas les conseils des autres, et la prudence n'est pas votre fort.

Vous n'évaluez pas toujours les dangers. Vous encourez des risques pour votre santé physique ou psychologique. Bien sûr, c'est ce qui fait aussi votre force, mais prenez parfois le temps de la réflexion.

À ce sujet, Joseph Campbell déclare : « Beaucoup donnent leur vie. Le mythe dit d'ailleurs que d'une vie sacrifiée naît une nouvelle vie, peut-être pas celle du héros mais une nouvelle façon d'être et de vivre » pour les autres. Cependant, veillez à ne pas faire du sacrifice une idéologie au point de ne plus jamais tenir compte de vos désirs personnels !

Un autre danger consiste à vous identifier, en tant que sauveteur, à la figure du Sauveur mythologique, dans un sens plus métaphysique.

Campbell affirmait que vous pouvez devenir par moments des sauveurs pour les autres, mais vous n'êtes jamais pour autant le symbole du Sauveur absolu. La différence est de taille ; elle signifie que chacun doit rester humble devant les actes qu'il accomplit, et ne pas se désigner comme un élu guidant les autres en toutes choses.

Ouvrez-vous à toutes les cultures, tel le voyageur celte Maeldun

Votre côté lumineux. Votre grande qualité en tant que héros voyageur, c'est que vous sortez des frontières du pays où vous êtes né, comme Ulysse voyageant d'île en île, au fur et à mesure de son odyssée.

Vous ne croyez pas aux héros nationaux, mais à ceux qui sont universels. Pour vous, l'humanité est une, mais elle affiche des milliers de visages, de couleurs, de religions différents. Vous partez au bout du monde et vous êtes capable d'affronter la peur des dangers, comme la remise en cause de vos croyances.

Le héros celte Maeldun, dont je vous ai déjà parlé, avait pris la mer avec ses compagnons afin de retrouver la trace des meurtriers de son père et de se venger en les tuant. Mais son voyage ne se déroule pas comme prévu : il navigue d'île inconnue en île fabuleuse sans jamais atteindre le rivage où se cachent les assassins de son père. Sur chaque territoire nouveau, il découvre un mode social différent, et s'ouvre aux mœurs des habitants.

Son voyage cesse lorsqu'il devient capable de pardonner aux anciens meurtriers de son père. Alors il rejoint la terre de ses ancêtres et, quand il rencontre ces meurtriers, il abandonne toute idée de vengeance et fait la paix avec eux. Le voyage physique s'accompagne donc d'un véritable voyage à l'intérieur de lui-même, pour gagner en humanité.

Le voyageur aventurier se présente comme un modèle de héros planétaire. Parfois, vous vivez l'aventure à travers le périple de grands voyageurs ou d'explorateurs contemporains, parfois à travers des histoires.

Karine a eu ainsi, pour modèle, un journaliste aventurier : « Mon premier héros a été Tintin : déjà petite, je voulais être comme lui, photographe, visiter le monde... C'est grâce à lui que j'ai découvert qu'il y avait autre chose dans le monde que Mèze, son port et des barques ! J'ai lu toutes les BD les yeux écarquillés, la bouche ouverte, avec une soif de voyages, de découvertes ! Pour moi, Tintin était un grand, un exemple à suivre. »

Ou bien vous partez physiquement à l'aventure ! Laurence nous raconte comment elle a décidé de vivre son rêve américain en quittant la France : « Je suis allée au bout de mes pulsions les plus audacieuses et quelque fois même dangereuses, mais tellement gratifiantes à la fin.

» Par exemple, je suis partie seule à New York en 1988. J'ai quitté la France avec une vieille valise et six cents francs à l'époque. Je me suis dit : l'aventure, c'est l'aventure !! ! Mais je ne savais vraiment pas où ça allait me conduire. Ce fut l'expérience la plus incroyable et la plus éprouvante de ma vie.

» J'avais alors vingt-deux ans (j'en ai quarante-cinq aujourd'hui). Au final, j'ai vécu de petits boulots, j'ai rencontré des gens de toutes les conditions et de toutes les races, j'ai appris à parler anglais, comme si ma vie en dépendait, car elle en dépendait !

» Cette expérience m'a complètement changée. J'ai aussi traversé toute l'Amérique en bus, avec la mythique ligne du Grey Hound Bus et le train Amtrack... L'aventure, prodigieuse en elle-même, a été ma récompense. »

Le voyage héroïque est aussi celui de tous les migrants du monde, quittant leur terre natale pour travailler dans un autre pays, apprendre la langue et les codes de ce pays, souffrir souvent de nostalgie, afin de donner un meilleur sort à leur famille.

De son côté, une personne engagée dans une quête métaphysique ou religieuse effectue un voyage spirituel. Elle apprend à respecter toutes les religions sans chercher à ce que l'une domine sur l'autre, sans considérer que la vérité se situe d'un côté ou d'un autre.

C'est d'ailleurs le message des mystiques du monde entier, quelle que soit leur foi. Ainsi Vivekananda, au XIXe siècle, était-il un disciple de Ramakrishna en Inde. Il déclare : « Non seulement nous ne dirons pas aux autres qu'ils ont tort, comme font les fanatiques, mais nous leur dirons qu'ils ont raison, s'ils suivent leur propre voie, cette méthode personnelle à laquelle chacun de nous est adapté... Vous n'avez pas à combattre ceux qui ne sentent pas comme vous... »

Si aucune religion ne vous correspond, vous voyagez parfois des symboles de l'une à l'autre dans la culture mondiale, et vous vous inspirez de la quête de grands héros spirituels.

Votre côté obscur. Le risque du voyage, c'est d'être déçu par les pays dont vous avez rêvé, et qui pourraient ne pas correspondre à vos attentes. Mais vous assumez ce risque.

Parfois, vous avez envie de convaincre les autres que votre culture détient la vérité. Mais vous essayez de cultiver plutôt des valeurs universelles. Demandez-vous souvent : « Est-ce que je me réfère aux codes de mon groupe ou suis-je ouvert à des valeurs plus larges ? »

Accueillez davantage d'autres façons de penser et de croire, c'est votre qualité ! Vous voyez alors les peuples comme un seul peuple et la Terre comme un seul organisme. Vous développez votre curiosité pour l'humanité entière, pas seulement pour votre groupe culturel ou religieux.

Vive votre pays, et vive la planète ! C'est la devise de l'avenir.

Mettez votre ego de côté en amour, comme le chevalier Lancelot

Votre côté lumineux. Ce héros amoureux ou cette amoureuse en vous se consacre à la personne aimée. L'amour et le désir forment pour vous une voie d'accomplissement personnel, quels que soient les tourments endurés. C'est votre aventure héroïque. Mais cet amour ne vous enferme pas dans votre passion ; au contraire, il vous tourne davantage vers les autres.

Dans les mythes courtois du Moyen Âge, l'amour représente une valeur absolue pour les héros et un chemin d'initiation : souvent le chevalier traverse des épreuves, devient plus courageux, maîtrise les excès de son tempérament, protège l'honneur de la femme aimée, garde son nom secret si la relation s'épanouit en dehors du mariage. Il met surtout de côté son ego et son orgueil, toujours déplacés en amour.

C'est le cas du héros Lancelot, qui, dans *Le Chevalier de la charrette*, écrit par Chrétien de Troyes, part en quête de sa bien-aimée, la reine Guenièvre, enlevée par le sinistre Méléagant. Afin de ne pas perdre une minute dans sa poursuite, Lancelot utilise comme moyen de transport une charrette réservée aux criminels, même si ce geste le déshonore.

Ce chevalier ne pense pas uniquement à sauver celle qu'il aime. Il puise dans cette énergie amoureuse pour aider au passage des milliers d'individus. Lorsqu'il pénètre dans le royaume de Méléagant, Lancelot apprend que tout étranger venant sur cette terre en reste le prisonnier : chacun y réside dans la servitude et l'exil.

Une prophétie existe cependant : un chevalier parviendra à vaincre en combat singulier Méléagant et aussitôt, tous les prisonniers seront libérés.

Lancelot tente cette aventure afin d'aider ces malheureux. Mais, au moment du combat, il est blessé ; ses forces l'abandonnent, Méléagant prend l'avantage. Lancelot aperçoit alors la reine Guenièvre à la fenêtre du château où elle est emprisonnée. Cette seule vue lui redonne du courage, et il reprend l'avantage sur son adversaire. Méléagant est vaincu ; les captifs sont sauvés.

Quel modèle donnent encore ces romans de chevalerie ! Ces histoires ne valorisent pas des amours qui vous séparent du reste du monde et du sort des autres, mais vous invitent à cueillir des forces dans votre bonheur amoureux pour accomplir d'autres projets, plus collectifs, pour soutenir ceux qui en ont besoin.

Dans ce mythe courtois, l'amour exige aussi une capacité à limiter les prétentions individuelles de l'ego. Tout héros accepte ainsi de sacrifier une partie de ses besoins au bénéfice de l'être aimé. Une fois délivrée, la reine Guenièvre reproche même à Lancelot d'avoir hésité quelques secondes avant de monter sur la charrette du déshonneur, au début de sa quête !

C'est toujours un grand défi aujourd'hui d'inscrire une passion réellement dans la durée. Cela demande de vous effacer parfois au profit de la relation, de limiter vos attentes, de faire des sacrifices.

À ce sujet, Lydia déclare être inspirée par un héros mythologique depuis l'adolescence, il s'agit d'Orphée ! « Quand il jouait, tout se mettait à genoux. Je sais que je serais descendue aux enfers pour remonter avec la personne que j'aime, mais je me questionnais adolescente, je me demandais si j'aurais eu le courage de ne pas me retourner. »

Cet amour a pour but alors que les deux individus n'en forment plus qu'un seul sur un plan symbolique, tant ils se comprennent. Ils représentent l'un pour l'autre l'élixir le plus précieux, malgré tous les obstacles.

Si, pour une raison ou une autre, cette union complète ne se réalise pas, la relation risque de mourir. Si votre amour échoue, ne vous désespérez pas. Comme en témoigne Geneviève, il faut « toujours garder le désir d'aimer, même si l'amour, ou ce que l'autre a appelé amour, nous a meurtri. Nous ne sommes pas responsables des manquements de l'autre. Le meilleur est à venir, toujours ».

Votre côté obscur. Vous êtes parfois dépendant de la personne que vous aimez. Vous pensez que votre vie s'arrête si elle vous quitte ou que vous n'aimerez jamais plus autant. Votre vision de l'amour s'avère trop radicale et vous détourne des richesses de l'existence.

Lisa nous indique alors une solution possible. Après le départ de son mari avec une autre femme, alors qu'elle a cinquante-quatre ans, elle découvre sa propre force d'indépendance : « J'ai choisi ma règle de vie justement après cette séparation si foudroyante, donc tard, j'ai compris qu'il ne faut pas être qu'une moitié qui a trouvé l'autre moitié, mais il faut devenir quelqu'un, une personne à part entière. Si après on trouve l'autre et que cet autre existe par lui-même aussi, c'est très très fort. »

Le mythe grec de Pygmalion, dans les *Métamorphoses* d'Ovide, nous enseigne certains aspects obscurs de l'amour. Pygmalion, déçu par la conduite indécente des femmes de Chypre, sculpte une compagne idéale à la blancheur d'ivoire, qu'il nomme Galatée. Il en devient amoureux, mais ne sait comment donner chair à la statue. Touchée par son amour, la déesse Vénus métamorphose alors la statue en une femme véritable. Galatée épouse le sculpteur, et lui donne un fils Paphos.

De ce mythe surgit la figure du Pygmalion, l'homme providentiel qui prend sous son aile une jeune femme afin d'améliorer sa vie[1].

Mais le Pygmalion montre un visage parfois dangereux. Simone de Beauvoir critique ce mythe dans *Le Deuxième Sexe* : Galatée n'existe qu'en objet idéal entièrement construit par le désir de l'autre. L'homme projette toutes ses attentes sur elle, tous ses espoirs, et ne l'aime pas dans sa réalité.

Ou encore le Pygmalion est une personne jalouse qui emprisonne l'autre, la façonne selon ses envies. Elle estime avoir tous les

---

1. Voir « Créer, c'est aimer », dossier « Pygmalion », *Muze*, avril-juin 2011.

droits : l'amour devient une source tyrannique d'abus, avec un bourreau et sa victime volontaire.

Ce mythe de Pygmalion s'interprète malgré tout dans un sens positif, car il finit d'une manière heureuse, et le couple s'épanouit. La métamorphose de la statue en femme nous signale que tout amour engendre des miracles, mais à condition que la tolérance fonctionne dans les deux sens, et que chacun découvre sa juste place.

Libérez votre créativité avec la reine phénicienne Elisha

Votre côté lumineux. Le mythe phénicien d'Elisha nous présente une femme d'action, inventive et courageuse. Elisha se marie avec Asherbas, riche prêtre de la ville de Tyr. À cette époque, son frère, un autre Pygmalion, règne sur la cité. Jaloux des richesses de son beau-frère, il lui tend un piège et l'assassine.

La nuit même, Elisha fait un rêve : le fantôme de son époux lui apparaît et l'avertit de sa mort. Puis, il la conjure :

– Prends mon trésor avant que ton frère ne s'en empare, et fuis !

Elisha cède d'abord au désespoir : elle n'a plus envie de vivre sans son époux, et son frère la terrifie par sa violence. Mais son courage reprend le dessus. Elle invente un moyen de s'enfuir. Sans attendre, elle réunit les notables qui lui sont fidèles, et ordonne :

– Cachez le trésor de mon mari dans les cales d'un navire et placez sur le pont des sacs de farine.

Lorsque le jour se lève, les soldats de Pygmalion entourent le navire. Elisha se montre sur le pont du bateau et, mimant le plus grand chagrin, elle se met à crier à son entourage :

– Jetez le trésor par-dessus bord ! Je n'ai que faire de cet or sans mon défunt mari, et je veux me retirer dans la pauvreté...

Ses hommes, à bord du navire, balancent les sacs de farine à la mer. Les soldats de Pygmalion croient alors que le trésor est bel et bien en train de s'enfouir dans les eaux.

Ils n'ont pas le temps d'esquisser un geste, les sacs ont déjà coulé au fond de l'eau. Terrifiés à l'idée du châtiment qui les attend s'ils racontent leur échec au roi Pygmalion, les soldats se rallient à Elisha.

Elle quitte ainsi la ville de Tyr, entourée d'une vaste flotte, s'arrête en passant sur l'île de Chypre pour inviter des femmes à les rejoindre afin d'épouser les hommes.

Lorsque tous accostent en Afrique, sur les terres de l'actuelle Tunisie appartenant au roi Hiarbas, une autre aventure attend Elisha et ses compagnons. Le roi décide de les confiner dans une petite surface et de les exploiter comme main-d'œuvre. Il accepte de leur donner une parcelle de terre que seule une peau de bœuf pourra recouvrir.

Elisha réfléchit longtemps, puis forge le moyen de déjouer ce piège : elle fait découper une grande peau en une seule lanière fine qui permet de s'étendre sur des kilomètres ! Elle fonde ainsi la puissante ville de Carthage et en devient la reine incontestée.

C'est Elisha que les Romains assimileront, dans leur mythologie, à la reine Didon, et à qui le poète latin Virgile prêtera des amours malheureuses jusqu'au suicide, mais c'est une version bien plus tardive du mythe, et il n'en éprouvait pas moins une admiration proclamée pour son génie féminin.

Au contraire, selon la version de Silius Italicus, au terme de ses aventures, quand Carthage prend de l'ampleur, Elisha se remarie avec bonheur à l'un de ses loyaux compagnons... À l'origine, cette héroïne s'affirme comme une femme réactive face à l'adversité.

De même, si le héros créatif vous définit, vous savez mêler astuce, ténacité, et bonnes idées pour vous sortir de n'importe quelle situation catastrophique et désarmer vos adversaires. Vous recherchez le point faible dans un événement désagréable, puis vous l'utilisez en votre faveur.

Vous n'avez pas besoin de recourir à la violence, mais plutôt de regarder la vie avec humour. Le mythe d'Elisha émerveille par ce rire qu'il dégage : créativité et joie s'épanouissent bien ensemble.

Comme le signale Joseph Campbell, le héros des mythologies fonde souvent une ville, une religion ou une nouvelle manière de vivre. Il cherche la petite graine créatrice qui changera la donne. C'est la même chose, vous fondez votre propre destin, à n'importe quel âge.

Votre créativité est essentielle dans cette société où vous avez besoin de réinventer comment travailler, comment vous épanouir, comment occuper votre temps de loisirs, ou votre troisième et quatrième âge.

En effet, le prolongement de la santé vous permet d'envisager de nouvelles aventures jusqu'à quatre-vingts ans et plus ! Souvent, une passion délaissée dans la jeunesse est enfin vécue pleinement : pour les voyages, pour une activité artistique ou littéraire, pour un sport même. Vous êtes passé d'un temps d'accomplissement à un temps d'épanouissement.

Le héros créatif, dans le monde professionnel, c'est par exemple l'autoentrepreneur, le créateur de *start-up*, mais aussi l'employé qui propose un projet.

Ségolène, après avoir fondé son entreprise éthique, travaille désormais avec une assistante pour faire face à la demande. Elle a réalisé que « plus tu en fais, plus on te demande » ! Le « toujours plus » révèle parfois du bon, quand il s'agit de votre création personnelle.

J'ai demandé à un petit garçon de dix ans quel était son héros préféré. Il m'a répondu : « Le héros qui vraiment sauvera le monde, mais alors vraiment, c'est l'imagination... » Bien sûr, l'imagination ne représente pas un héros, mais sa réponse était... créative.

Rollo May fait reposer toute sa démonstration, dans *Le Courage de créer*, sur cette même pensée : l'imagination serait la clé de voûte de toutes les créations logiques, scientifiques, sociales, individuelles... Elle protège de la folie et permet de remodeler votre anxiété, de lutter contre les normes asphyxiantes.

Comment développer votre imaginaire ?

Selon Rollo May, c'est d'abord en entraînant votre bonne mémoire, car dans vos souvenirs, vous emmagasinez des images, des révélations et des erreurs à ne pas reproduire.

Puis, vous êtes invité à refuser de suivre une mode, pour donner une forme unique à votre pensée : « La liberté est la capacité de l'homme à prendre en main son propre développement. C'est notre capacité à nous modeler nous-même. »

Au cours de votre quête de bonheur, vous concevez une manière plus forte de vivre, plus juste que les codes habituels de votre société. Alors vous partez sur votre chemin personnel créatif. Tout ce que disent les institutions religieuses, les discours scientifiques, les règles de toutes sortes n'est plus valable pour vous.

Dans tous les cas, vous utilisez les règles, mais veillez à ce qu'elles ne vous utilisent pas. C'est ce qui permet d'ailleurs au monde d'évoluer : une nouvelle découverte scientifique est possible uniquement si l'on est capable de remettre en cause la précédente, pourtant défendue par le monde entier. Une nouvelle cuisine naît si on déconstruit le repas traditionnel et les ingrédients habituels. Vous élaborez une expérience intérieure du monde, c'est-à-dire délivrée de tous les codes.

C'est de cette liberté du détachement dont parle le sage Maître Eckart, dans ses sermons religieux au XVIe siècle. À propos de toutes les règles, il dit : si quelqu'un « pénètre dans la vraie expérience intérieure, il est affranchi d'elles toutes » ! La créativité se déploie en laissant derrière vous ce qui est autoritaire, normé, logique.

Vous êtes aussi des créateurs de formes à l'image de cet être divin égyptien nommé Khnum : c'est un dieu artisan, qui fabrique les humains à partir de l'argile, qu'il place sur sa roue de potier. Khnum formait d'abord avec ses mains l'esprit d'une personne (ou le *ka* en égyptien) puis le corps physique de celle-ci. Ensuite, il fusionnait les deux pour donner naissance à un nouvel individu.

Vous-même, vous donnez du souffle à votre propre existence, vous lui inventez un esprit sans lequel elle ne pourrait s'animer.

Enfin, je me souviens particulièrement d'une professeure de collège, en français, qui nous avait tenu ce propos sur l'origine de notre créativité : lorsqu'on étudiait un poème, on ne devait pas le faire avec notre tête, ni avec notre cœur. Alors avec quoi ?

Elle disait : « Ça doit venir de vos entrailles ! » Cette parole a bouleversé ma manière de vivre. Elle m'a fait comprendre très jeune que, par la concentration, il est possible de toucher au fond de nous une zone de créativité, qui n'a rien à voir avec le cerveau, ni même avec les émotions du cœur. Chacun fait jaillir de soi une sorte de pouvoir intérieur.

Le modèle du héros créatif, c'est l'artiste ou l'écrivain. Vous n'avez pas besoin d'aller très loin pour en rencontrer. Le mot « musée » signifie « temple des Muses ». Les musées sont donc les temples mythologiques modernes où chaque œuvre d'art, du passé le plus ancien au présent, vous inspire. Ils ouvrent, comme des « open bars », pour abreuver votre imaginaire...

Tous les arts développent votre part intuitive, irrationnelle, nécessaire à la créativité. Par exemple, Rebecca est passionnée de piano, de musique classique et d'opéra, surtout de Wagner qui a tant mis en scène les grandes mythologies nordiques. Elle se demande : « Pourquoi suis-je fascinée par la musique de Wagner ? Non, non, je ne suis point une midinette ! Mais je me laisse volontiers envoûter, ravir, émouvoir par l'irrationnel, l'"irraisonnable", parce que je sens confusément qu'il se passe quelque chose. Le mythe ne se saisit que par le cœur, et point par le cerveau. »

Dans la mythologie celte, la musique jaillit de la harpe du dieu Dagda, qui possède le pouvoir de faire rire, pleurer ou s'endormir magiquement les hommes. Lorsque le barde Craftiny joue de sa harpe, elle rend même la parole à un jeune prince muet.

Ces récits révèlent combien l'art provoque un impact sur nos émotions, notre corps, ou même certaines de nos maladies : il participe à votre transformation.

Votre côté obscur. Vous êtes parfois débordé par votre propre imagination, vous n'allez pas toujours au bout de vos projets, car vous ne savez pas choisir parmi toutes vos idées laquelle est la meilleure, ou bien vous doutez trop de vous-même.

Vous êtes parfois confronté à des angoisses personnelles, comme tous les grands créateurs. D'une façon très enthousiasmante, Rollo May considère le désespoir comme une valeur créatrice !

Au fond de vous, la partie héroïque lutte contre ce désespoir. De cette lutte, vos idées les meilleures vont naître. Vous avez la capacité en vous de combattre et de créer à partir de lui.

Mais, lorsque vous aurez développé votre nouveau projet ou une œuvre, n'imposez pas vos propres règles. Votre créativité inspirera d'elle-même les autres, afin qu'ils révèlent leur génie propre.

Collaborez avec votre talent à un but commun, comme les Huit Immortels chinois

Votre côté lumineux. Vous avez peut-être en tête l'image du héros seul contre tous... Cette situation existe, mais notre époque recherche au contraire des héros pour des travaux collaboratifs.

Les Huit Immortels, dans la mythologie chinoise, rassemblent un groupe hétérogène de sept hommes et une femme. Protecteurs des humains, ils parcourent le monde pour les éduquer et les aider. Mais ils se révèlent très différents les uns des autres : chacun possède son talent personnel.

Si ces immortels sont très appréciés en Chine, c'est parce qu'ils sont, à l'origine, des individus ordinaires, de simples mortels aux origines sociales variées : un noble, un général, la fille d'un herboriste, un mendiant, un musicien, un lettré...

Chacun reçut également le don de l'immortalité d'une manière différente. Lü Dongbin l'obtint en récompense, pour avoir suivi la voie vertueuse du Tao. Mais Han Xiangzi l'acquit simplement en tombant de l'arbre produisant les pêches de l'immortalité, alors qu'il s'amusait à imiter le roi Singe. Son humour a suffi. Même immortels, ces héros demeurent des êtres imparfaits et de joyeux drilles qui aiment les banquets.

Lors d'un de leurs voyages en groupe célèbres, ils décidèrent de traverser la mer de Bohai, chacun sur une monture magique différente. Par défi, aucun ne devait utiliser de bateau. Chacun montra alors son talent individuel : l'un se mit à cheval sur son bâton ou son épée, l'autre embarqua sur son panier, une autre sur une fleur de lotus... Le dernier avança sur son âne, mais tourné vers l'arrière !

Cette façon de naviguer attira la convoitise du roi-dragon de cette mer ; son fils déroba, à l'un des immortels, ses cliquettes de jade, capables de produire une lueur éblouissante. Une guerre se déclencha. Le groupe des Huit Immortels unit alors ses forces pour vaincre les troupes lancées contre lui.

Ce mythe a donné naissance à un proverbe chinois : « Comme les Huit Immortels traversent la mer, chacun montre ses prouesses. » Pour accomplir un but commun, chacun révèle son pouvoir personnel.

Si ce type de héros vous définit, vous aimez participer à parts égales avec autrui à une action commune.

Le développement d'Internet dans les années 1990 a multiplié ces collaborations, dont les règles s'établissent en groupe. Ainsi le navigateur Web gratuit Mozilla Firefox a-t-il été programmé par des centaines de bénévoles. Dix-huit millions de personnes, dans notre monde actuel, travaillent de cette manière anonyme et gratuite !

L'idée d'une création fermée, réalisée par un individu ou par une entreprise sous le sceau du secret, a perdu sa préséance. Vous êtes tous des inventeurs potentiels, que l'économiste Charles Leadbeater appelle des « professionnels-amateurs » : des passionnés qui créent en dehors des entreprises traditionnelles.

Vous ne gardez pas votre idée, mais vous la publiez sur une plate-forme adéquate, pour qu'un autre vienne la compléter, l'amplifier jusqu'à créer ce dont nous manquions dans tous les domaines : recherche médicale, industrielle, écologique, ou loisirs. Il n'existe pas alors de concurrence entre les participants, ni de hiérarchie.

Pamela, étudiante en doctorat de littérature, nous rappelle d'ailleurs que tout mythe est un « culte à héros » et que « dans une histoire, le héros est pleinement inscrit au sein d'un réseau. Tout rôle est relatif à la position du héros, il est le point qui relie les autres.

» D'un point de vue pratique, le héros du quotidien se trouve inscrit dans un réseau : les autres dépendent de lui, mais lui aussi dépend des autres ».

De plus, toute collaboration mutuelle favorise la chance dont vous avez besoin pour réussir, car celle-ci ne tombe pas du ciel. Elle se provoque, grâce aux autres justement, qui reçoivent en retour de la chance grâce à vous.

C'est le professeur en comportement organisationnel Philippe Gabilliet qui l'expose dans ses ouvrages et sur le Web : créer sa chance, c'est mettre les gens en contact les uns avec les autres, favoriser l'entraide.

Plus vous présentez vos relations à d'autres, et plus les autres vous feront connaître aussi du monde. Le moindre de vos projets, professionnel ou personnel, dépend des contacts que vous recueillez sur votre chemin. Faire le lien, c'est être généreux et chanceux ! D'ailleurs, les Huit Immortels en Chine incarnent des symboles de chance et de succès.

Pour encourager chacun à développer son talent, cela demande de laisser sa chance à tous. Pour un garçon de dix-sept ans, en classe de terminale dans un lycée technique, une aventure héroïque pour notre société moderne serait par exemple, de « ne plus cloisonner les gens des banlieues, de leur offrir une place plus importante dans la société, les pousser vers l'avant et les rendre plus importants aux yeux de la société ».

Votre côté obscur. Lorsque vous vous engagez dans un projet collaboratif, laissez le plus possible la place à tous ceux qui veulent exprimer leurs opinions, et leurs propres besoins.

Ne vous placez pas en position de chef, sûr de lui. Cela vous semble évident à vous d'agir d'une manière plutôt que d'une autre, mais la richesse vient de l'échange avec les idées des autres. Il n'existe plus de compétition pour le héros collaboratif, mais chacun apporte autant que les autres à un projet.

Et s'il existe un chef de projet, ne passez pas votre temps à critiquer sa manière de faire parce que vous pensez avoir des idées meilleures. C'est la somme de toutes les idées qui compte.

Lorsque vous n'êtes pas d'accord avec quelqu'un, essayez de parler calmement, de présenter votre opinion sans juger celle de l'autre. Vous éviterez ainsi les conflits. La négociation s'avère souvent la meilleure solution.

Recevez la connaissance par degrés sur les pas de l'Africain Soulé Sadio

Votre côté lumineux. Vos qualités sont la recherche de la sagesse, un grand appétit pour l'apprentissage, une quête de compréhension. Vous suivez le chemin des initiés qui, pas à pas, acquièrent une connaissance pointue dans un domaine en particulier. Vous savez que celle-ci ne tombe pas du ciel, ni ne se dérobe d'un seul geste : elle vous demande de la patience et une lente préparation, souvent sous la conduite d'un ou de plusieurs mentors.

Au Niger et dans la vallée du Sénégal, l'un des héros mythiques se nomme Soulé Sadio, issu des traditions des pasteurs peuls. Sous un grand tamarinier, Soulé rencontre son mentor, l'être divin Koumen.

Ce dernier l'aide à traverser douze épreuves symbolisant les douze mois d'une année, afin de progresser vers la connaissance des secrets concernant la fécondité et la bonne santé du bétail. Dans les tribus peules, fondées sur l'élevage des bovidés, ce savoir essentiel conditionne la survie du groupe.

En chemin, Soulé affronte ses propres peurs lorsque surgit le pasteur d'un troupeau noir, puis les tentations formulées par une grenouille, ensuite des animaux terrifiants qu'il dompte. Il rencontre un génie de la guerre pour devenir invulnérable, et progresse intérieurement. Il apprend les savoirs nécessaires au bon berger.

Tout au long de cette quête, Soulé subit un interdit : ne pas regarder le nombril de Koumen où se tient toute la connaissance profonde, car Soulé doit la recevoir par degrés.

Après la dixième épreuve, Koumen se retire et confie le jeune Soulé Sadio à sa femme, la déesse Foroforondou. Elle détient le savoir suprême et révèle à Soulé les secrets les plus importants. Puis le héros passe un véritable examen sous forme de « QCM », une série de questions énigmatiques auxquelles il répond.

Ce mythe vous invite ainsi, avant toute quête initiatique, qu'elle se déroule sur un plan intellectuel, spirituel ou psychologique, à bien vous préparer avant d'agir, à vous renseigner sur ceux qui assurent votre initiation, puis, quand vous leur donnez votre confiance, à suivre les recommandations d'usage. Soyez bien accompagné !

Recevoir une connaissance par étapes, c'est respecter un principe de sécurité pour votre santé mentale. Vous demandez à obtenir un savoir en particulier ou à vivre une expérience décisive.

Mais lorsque vous tentez cette initiation, vous en recevez une récompense réelle. Certaines quêtes de connaissance s'avèrent infinies, occupant tout le temps d'une existence, mais elles délivrent peu à peu des joies profondes.

Au terme de son aventure, Soulé reçoit en récompense les objets sacrés qui feront de lui un pasteur efficace. Avant de retourner près des siens, il prête serment de protéger toujours « la vache, la femme et l'orphelin » !

La connaissance que vous avez obtenue pour vous-même, vous chercherez, comme Soulé Sadio, à la partager ensuite avec les autres : par exemple, le père, la mère, ou l'éducateur transmettent l'essentiel aux enfants, en laissant de côté leurs propres préoccupations.

À l'âge de la retraite, Solange raconte ainsi : « J'ai eu une belle vie. J'ai été professeurs de français et je me suis consacrée à l'étude de la littérature, année après année, par passion. Quand j'en ai eu le besoin, la société m'a soutenue : j'ai pu élever mes enfants dignement, leur offrir de belles études. Aujourd'hui, je touche ma retraite. Je peux rendre à la société ce qu'elle m'a donné. »

Solange consacre alors une partie de ses journées à donner bénévolement des cours de français à des personnes analphabètes ou issues de l'immigration, pour faciliter leur insertion en France, que ce soient des enfants, des adolescents ou des adultes. En continuant à transmettre ses connaissances au-delà de son métier, sans recevoir quoi que ce soit en retour, Solange initie à son tour les autres.

Votre côté obscur. La tentation du pouvoir sur les autres représente un risque : convaincu que votre connaissance est la bonne, vous utilisez des moyens radicaux pour emporter l'adhésion des autres. Votre charisme et votre aptitude à guider deviennent dangereux, si vous abusez de votre influence.

Aidez les autres à découvrir ce qui est le meilleur pour eux-mêmes, sans rien leur imposer. Comme l'expose Angeles Arrien, vous cherchez la connaissance pour mieux comprendre le monde, et non pour le contrôler.

Ou bien vous vous plongez dans votre quête de savoir en oubliant de vivre, comme le regrette le personnage de Faust dans le mythe. Il pactise alors avec le diable pour regagner la jeunesse, connaître l'amour et les plaisirs des sens dont il n'a pas profité...

Équilibrez votre emploi du temps, prenez soin d'expérimenter toutes les dimensions de l'expérience humaine ! Vous n'en deviendrez que plus heureux, et d'une autre manière, plus savant.

Valorisez des mythes dont les héros sont positifs

Cette série de héros possède ses limites ; elle vous invite surtout à identifier les vôtres. Pour obtenir du bonheur et en redonner aux autres, tout dépend de votre point de vue. Tout dépend du mythe que vous choisissez.

Comme l'écrit Joseph Campbell, de nombreuses mythologies se concluent sur la mort tragique des héros, ou leur disparition dans un paradis éthéré grâce à des pouvoirs surnaturels mais, selon lui, « ce n'est pas l'échec de l'homme, ni la réussite du surhomme, qu'un mythe doit mettre en lumière, mais bien la réussite de l'homme », de la femme, de chacun de vous.

Sur quels mythes vivez-vous ? Quels sont les héros qui vous guident ? Posez-vous la question, c'est sans doute devenu inconscient chez vous. Observez si ce mythe apporte du bonheur, ou si au contraire, il vous enferme dans une quête négative du sacrifice, de la mort, d'exigences excessives, ou dans la souffrance...

Si vous cherchez, par exemple, un modèle de héros libertin ou d'héroïne sensuelle, la déesse mésopotamienne Ishtar plaira aux femmes, ou l'Aphrodite grecque, car chacune de ces déesses possède de nombreux amants, sans culpabilité ni châtiment. L'un deux remporte toujours leur préférence, tel Adonis pour Aphrodite. Les hommes auront avantage à valoriser un Ulysse comblant les femmes, plutôt qu'un Don Juan puni pour son irrespect par les flammes de l'Enfer.

Toute la question est ainsi : avec quel mythe avez-vous envie de vivre ? Est-ce avec un mythe tragique, violent ou triste ? Ou valorisant l'accomplissement de soi et le partage ? Les mythologies ne cessent d'être réinterprétées époque après époque, parce que les récits évoluent à notre image.

Changez de mythe pour changer votre vie !

L'humanité ressent un besoin de héros, mais certains masquent des leurres ou des manipulateurs, qui s'autoproclament sauveurs du monde, ou sont présentés comme tels par les médias, les idéologies politiques ou religieuses. Ce sont des héros prêts-à-l'emploi, qui sacrifient les autres à leurs idées, au lieu de valoriser, avant toute chose, la vie humaine.

Un véritable héros, c'est celui qui se donne pour les autres. Il ne reste jamais enfermé dans ses propres croyances, il respecte toujours les idées d'autrui. Gardez votre esprit critique !

J'ai connu un professeur de philosophie au cours de mes études qui déclarait aux étudiants : « Ne soyez jamais fascinés parce que vous êtes des êtres porteurs d'esprit », c'est-à-dire n'abandonnez jamais votre jugement personnel, prenez de la distance, même avec les gens que vous adorez. Placez-vous dans des situations qui déclenchent du positif en vous, et non ce qu'il y a de plus vil.

Si vos modèles sont des êtres destructeurs et pessimistes, cherchez des figures aimant la vie. De nombreux adolescents suicidaires ont, pour héros, des stars qui se sont suicidées, et cela entretient leur dépression.

De même, les héros guerriers des mythes se révèlent souvent sanguinaires, cruels, adulés à des époques où conquérir était signe de puissance. Les mythes, réutilisés dans certains films, ou de nombreux jeux vidéo, glorifient ce type de tueurs. Préférez des héros respectueux de tous !

Observez certains beaux personnages de vos séries télévisées favorites ou de films : ils vous transmettent des valeurs et des clés pour répondre à vos problèmes, ou ils vous offrent des figures masculines et féminines de référence.

Au fur et à mesure, vos modèles évoluent. Parfois, ce sont des « people », qui représentent le succès, la fortune, une existence privilégiée. Les stars sont aimées, et vous souhaitez être admiré aussi. La vedette et le héros se révèlent cependant très différents : ce dernier est capable d'agir de manière désintéressée.

Le magazine culturel *BSCnews* titrait sur le Web en 2011 : « Ne pas avoir de héros nuit gravement à la santé » ! Regardez si quelqu'un dans votre entourage, dans l'Histoire ou dans une histoire, représente à vos yeux une forme de héros.

Variez aussi vos modèles ! Sortez de vos références sociales ou nationales. Vous rencontrez toujours des êtres humains dont vous avez quelque chose d'important à apprendre. Comme l'explique l'étudiante en doctorat, Pamela : « S'il s'agit de trouver le héros que chacun porte en soi, pourquoi ne pas chercher le héros chez les autres ? J'aimerais croire que tout le monde a d'une façon quelconque une influence positive sur moi. »

Le héros humain, avec un grand « H », n'existe pas ; tout le monde est imparfait, mais vous cultivez votre part bienveillante, prête à s'améliorer et à partager. C'est une quête altruiste, qui dépend de chacun de vous.

CHAPITRE IV

Puisez la paix dans le réservoir infini des mythes

Malgré vos efforts, vous ne vous sentez peut-être pas en paix avec la vie. Vous vous dites : « Comment l'aimer alors qu'elle est injuste, qu'elle ne me donne pas tout ce que je veux, ou qu'elle me fait souffrir ? »

Tout ne peut pas être changé dans l'existence humaine. Mais vous avez la possibilité de l'envisager autrement. Vous agissez ainsi à l'intérieur de votre tête.

Aimer le monde, vous-même et les autres tels qu'ils sont, c'est la plus difficile aventure humaine. C'est aussi la plus sereine.

Aimez la vie telle qu'elle est : un enseignement bouddhiste

Aucune mythologie ne vous dit que vous accéderez sur terre à un bonheur perpétuel. Quelles que soient vos conditions au départ, vous effectuez d'énormes efforts pour vos projets. Les instants de joie ou de repos forment des bulles temporaires.

Comme l'exprime le Bouddha : toute vie est souffrance. De même, là où se rencontre de la souffrance, il y a de la vie, car la douleur vous rend véritablement humain. Mais les mythes vous racontent comment supporter la peine, et expérimenter le ravissement d'être.

« Quand Bouddha déclare qu'il y a une échappatoire à la souffrance, explique Joseph Campbell, l'échappatoire n'est pas un lieu comme le paradis, mais un état de pensée dans lequel vous êtes délivré des désirs et de la peur, et votre vie devient harmonieuse et affirmative. »

Le Paradis et l'Enfer se situent donc dans votre esprit. Vous basculez de l'un à l'autre par vous-même, en changeant de point de vue.

Beaucoup de mythes et de religions montrent que l'existence n'est ni juste ni morale :

dans les *Métamorphoses* d'Ovide, les châtiments tombent sur les bons comme sur les méchants, la justice divine se révèle guidée parfois par des intérêts personnels.

Mais vous pouvez penser à elle avec un peu plus de tendresse. Christelle nous dit ainsi : « Je n'ai rien envie de changer dans ma vie, je l'aime telle qu'elle est, avec tous ses petits riens de bonheur et ses jolies peines... »

Lisa conclut son témoignage par ces mots : « Je sais, que la vie possède des plages de bonheur, puis de chagrin. Elle sera toujours un combat : il faut profiter de chaque instant de bonheur très intensément, car les moments douloureux arrivent quoi qu'on fasse – alors il faut essayer de rester calme, sereine, ne pas se noyer... Si on survit, on remonte à la surface encore plus fort. »

La vie nous paraît immorale, selon nos critères intellectuels humains et limités. Le philosophe grec Héraclite nous donne ainsi ce mystère inexplicable à méditer : « Pour Dieu, tout est beau, bon et juste ; mais les hommes tiennent certaines choses pour justes et d'autres pour injustes. Le bien et le mal ne sont qu'un. »

De plus, s'il vous arrive quelque chose de négatif, ne pensez pas que l'univers vous maltraite personnellement. C'est une façon de voir autocentrée. Le docteur Larry Dossey invite ainsi à se référer positivement au récit de Job, dans l'Ancien Testament. Pour éprouver sa foi, Dieu envoie à Job des calamités : ce dernier perd sa maison, ses enfants, et toute sa fortune... Il devient malade.

Job s'est toujours conduit en homme bon, et ne mérite en rien ce sort. Pourtant, à aucun moment, il ne maudit Dieu ni la vie. De même, vous ne payez pas toujours le prix de telle ou telle faute. Il vous arrive aussi des événements injustes et douloureux.

Les raisons de la souffrance humaine restent mystérieuses. Larry Dossey se réfère alors à la pensée taoïste : tout serait une question d'équilibre. Des choses négatives se produisent pour que des choses positives vous arrivent car, selon le Tao chinois, l'existence fonctionne selon un mode complexe d'opposition entre ombre et lumière. Si vous ne voulez voir que la lumière et que vous niez l'ombre, vous souffrirez constamment de la tragédie, de la maladie et de la mort.

Vous-même provoquez, par vos actes et vos choix, de la souffrance pour d'autres, même sans la souhaiter. La fonction principale de toute mythologie, selon Joseph

Campbell, est de nous réconcilier avec la nature brutale de ce monde, en particulier avec cette vérité : nous vivons parce que nous mangeons de la vie. Quand un chat vient déposer un oiseau mort le matin sur le palier de votre porte, fier de sa prise, vous avez de la peine pour l'oiseau, mais le chat vous révèle une vérité sur la manière dont, vous aussi, vous vivez. De même, nous serons mangés en retour dans la mort, comme dans une gigantesque opération de recyclage.

Le poète Novalis rappelle que, dans les contes de fées, « l'enchantement d'un prince changé en ours cesse d'exister dès que l'ours est aimé pour lui-même. Peut-être une transformation analogue se produirait-elle si un homme parvenait à s'éprendre de tout le mal du monde. Dès l'instant où il en serait venu à chérir la maladie ou la souffrance, il tiendrait entre ses bras les plus charmants délices, et le plus voluptueux plaisir, un plaisir positif et absolu, envahirait son être ».

La mythologie vous invite à faire la paix avec ce monde tel qu'il est. Plus vous êtes conscient de sa part obscure, plus vous êtes libre. Affirmez cet univers par un grand oui, sans lui faire de reproches, et sans lui adresser votre liste de réclamations.

Joseph Campbell nous explique ainsi : « Il faut accepter le miracle de la vie tel qu'il se présente et non exiger qu'il suive des règles », surtout vos règles !

Dansez, riez et jouez dans ce monde

À vous de jouer ! Participez joyeusement et volontairement à l'existence humaine avec son cortège de malheurs et ses bonheurs. La vie ne se révèle ni tragique ni comique, elle est tragi-comique. Elle enchaîne les constructions, les destructions et les reconstructions.

Dans la mythologie hindoue, le monde ressemble à un terrain de jeux, sur lequel on entre en dansant. De plus, comme le déclare Joseph Campbell, « "le monde, dit Bouddha, est un feu brûlant éternellement", ce qui est en effet le cas. C'est ce que chacun doit affirmer avec un "Ouais !", avec un "Dansons !", avec une danse consciente, solennelle et majestueuse de la béatitude mystique se trouvant au-delà de la douleur ».

Dans l'un des plus célèbres mythes des Mayas Quichés, extrait du *Popol-Vuh*, des jumeaux héroïques parviennent à vaincre les seigneurs infernaux en dansant.

Hunahpu, le frère, et Ixbalanque, la sœur, se sont rendus au pays souterrain nommé Xibalba. Ils y sont tués après plusieurs épreuves. Leur corps est brûlé, leurs os calcinés sont moulus. Devenus poussière, on les jette dans une rivière. Les cendres des jumeaux se posent au fond de l'eau. Cinq jours plus tard, ils renaissent.

Par la suite, Hunahpu et Ixbalanque se rendent sous un déguisement de pauvres danseurs à la cour des seigneurs infernaux. Ils exécutent des tours de magie, tout en dansant : ils sacrifient un chien, un homme, puis ils les ressuscitent aussitôt. Hunahpu lui-même se tue et renaît grâce à la danse magique de sa sœur.

Enthousiastes, les seigneurs demandent aussi à être tués pour découvrir la sensation de la résurrection. Les jumeaux mettent à mort en premier le chef principal, mais naturellement ils ne lui rendent pas la vie ! Effrayés, les autres seigneurs se jettent dans un ravin. Les habitants de Xibalba, vaincus, perdent ainsi tous leurs pouvoirs. Alors Hunahpu et sa sœur Ixbalanque montent au ciel où ils deviennent triomphalement le Soleil et la Lune.

La mythologie nous apprend à danser dans ce monde, mais aussi à rire.

La déesse Déméter, dans la mythologie grecque, perd sa fille Perséphone, kidnappée par le seigneur des Enfers. Désespérée, elle s'assied près d'un puits à Éleusis. Les habitants tentent de la réconforter. En vain.

Une petite créature nommée Baubo se livre alors à une danse obscène devant la déesse et Déméter se met à rire aux éclats, sans pouvoir se retenir. Ce spectacle la soulage de son chagrin.

Même si c'est difficile ou contre nature pour vous, prenez un peu de distance avec les événements ; faites preuve d'humour. Il réchauffe le cœur. Vous gagnerez en légèreté au quotidien, vos épaules seront moins accablées par les soucis. Riez aussi de vous-même, ne vous prenez pas toujours au sérieux : le rire est excellent pour dédramatiser les conflits.

Comme le déclare le coureur Ronald : « Ma philosophie, quand je cours, est qu'il ne faut pas se prendre trop au sérieux parce que cela reste juste du sport. L'essentiel est de faire de son mieux en prenant du plaisir. » Dans la vie aussi !

Jouez enfin avec les règles : ce n'est pas si grave de ne pas toujours les respecter dans la famille ou la société. Selon les pays et les époques, ce qui est accepté ou pas ne cesse d'évoluer. Par exemple, les jupes raccourcissent ou rallongent, les règles aussi.

Considérez les directives de votre groupe comme un jeu. Cela ne remet pas en cause vos choix profonds. C'est une façon de vivre bien avec les autres, tout en conservant votre humanité personnelle, dans votre cœur. Vous saurez refuser alors les règles injustes quand vous le jugez nécessaire et dire non, juste non.

Enfin, vous aussi, vous donnez des règles à votre famille, vos enfants, vos employés ou vos amis, mais elles sont tout aussi imparfaites que les autres, et elles seront parfois transgressées.

Accueillez l'imprévu comme une chance !

Si vous n'aimez pas le monde tel qu'il est, c'est souvent par peur de ce qui vous arrivera. Votre sort ne se contrôle pas comme un programme informatique. Chaque jour, vous rencontrez une difficulté, vous gérez dans l'urgence un problème inattendu. C'est souvent désagréable et stressant.

La mythologie vous apprend à réagir dans de telles circonstances : rebondissez sur les événements. Vous avez la capacité de renverser le négatif en positif : cherchez le moyen de retourner l'événement en votre faveur. En tournant dans votre tête le problème sous tous ses aspects, vous détecterez un point qui vous rend service. Cela demande un peu d'imagination.

L'indianiste Heinrich Zimmer raconte un mythe de la création formidable emprunté au texte sacré du *Kalika Purana.* Le créateur Brahma mettait au monde l'univers. Jusqu'ici, il contrôlait la naissance de toutes les formes issues de sa profonde méditation, et avait enfanté une vingtaine d'êtres divins, siégeant autour de lui.

Mais Brahma perd soudain le contrôle : une créature inattendue, rayonnante de jeunesse et de beauté, fait son apparition devant lui. Il s'agit de l'Aurore.

Au lieu de réagir par une crise de stress, Brahma se demande comment elle a pu naître involontairement. À peine la question posée, surgit à sa grande surprise un adolescent magnifique, bronzé et sportif. L'adolescent se tourne vers le dieu et lui demande :

– Quel est mon rôle ici ?

Brahma n'en a aucune idée, mais tente de surmonter sa surprise, et de répondre.

– Tu frapperas le cœur des hommes et des femmes, de toutes les créatures et même des dieux, avec tes flèches. Tu déclencheras ainsi le désir et l'amour. La création pourra se continuer perpétuellement grâce à toi. Ton nom sera Désir d'Amour.

Le bel adolescent s'éloigne et Brahma reprend sa concentration. Mais l'adolescent a une furieuse envie d'essayer son arc, et de voir si les dieux peuvent vraiment succomber au désir. Il vise tous les êtres divins présents, afin que tous deviennent éperdus d'amour pour la jeune femme Aurore.

Le désordre est à son comble mais, grâce à cet événement, les émotions font leur entrée dans le monde, avec toutes les manifestations physiques qui les accompagnent...

Le dieu Shiva vient alors à passer et, devant ce spectacle, se moque de Brahma :

– Comment peux-tu ainsi perdre le sens de l'équilibre juste par désir ?

Vexé, Brahma reprend sa méditation et parvient à chasser la passion de lui. Mais il sue à grosses gouttes pour y parvenir et de sa sueur naissent les Esprits des morts, qui sont les ancêtres des hommes.

Les autres divinités maîtrisent aussi leurs sens. De leur sueur naissent de nouvelles variétés d'espèces. Toute la gamme des créatures est ainsi créée, alors même que Brahma n'a jamais songé à les engendrer.

Ce mythe est remarquable, car il nous montre que la création se fait de façon involontaire, par surprise et brusques revers de situation. Ce n'est jamais quelque chose d'achevé, mais plutôt un processus continuel, auquel chacun participe.

Votre vie se compose ainsi d'accidents, de crises et de renouveaux. Sans ces catastrophes, rien ne pourrait advenir. Brahma accepte systématiquement l'imprévu pour le transformer en une chance nouvelle. Il reconnaît être dépassé lui-même par une force mystérieuse, et trouve cela positif.

Des « mauvaises » surprises vous arrivent, mais une catastrophe peut vous sauver. Jusque dans le chaos des événements, quelque chose d'autre adviendra, et vous apportera un équilibre, nécessairement.

Célébrez l'existence en vous concentrant sur le positif

Le poète Rilke vous engage à célébrer la vie à l'image d'Orphée, malgré la réalité du mal et de la mort : « Célébrer, c'est cela ! Élu pour célébrer », car « l'existence est un chant ».

Modifiez vos croyances sur l'existence : elle ne vous apportera pas seulement du négatif. Tout ce que vous accomplissez ne finira pas mal. Plus vous adhérez à cette croyance néfaste, plus votre quotidien ressemblera à une série de tragédies. Pourquoi ne pas choisir une vision plus positive ? Même dans les moments les plus sombres, il existe toujours une petite chose agréable.

Essayez de remercier l'univers chaque soir avant de vous coucher pour les bonnes choses que vous avez reçues dans votre journée : un rayon de soleil à travers les nuages, un sourire reçu, une gaufre à la chantilly après la journée de travail... Vous vous sentirez beaucoup mieux.

La famille de Mélanie a inventé une philosophie au quotidien. Ils pratiquent la VIPO : c'est la contraction de « VIsion POsitive ». Chaque matin, entre parents et sœurs, ils se disent : « Tu vas passer une bonne journée ! »

Ils accompagnent cette parole d'un geste : se pincer gentiment, se donner une tape, car cela signifie : « Réveille-toi, tu es en vie, c'est merveilleux. » Quand l'un d'entre eux passe un examen ou un entretien important, les autres font aussi de la VIPO pour le soutenir.

Pour chaque événement, ils mettent toujours en avant le positif. Si quelque chose échoue, ils pensent que du meilleur les attend. S'ils traversent une épreuve douloureuse, ils en retirent une leçon et mettent en avant ce qui va bien. Cette philosophie, appliquée au quotidien, a rendu Mélanie énergique et joyeuse.

À nouveau, vous devenez plus courageux en valorisant les aspects merveilleux de l'existence. Éloïse, a perdu tragiquement son frère Arthur : il fut victime d'un cancer alors qu'il avait seulement dix-sept ans. Avant de mourir, Arthur adressa ce dernier mot à sa famille : « Courage. »

Éloïse a retenu cet enseignement magnifique. Elle admire aussi la force dont ses parents ont fait preuve, malgré leur chagrin. Cette perte bouleversante a relativisé, pour elle, toutes les peines du quotidien.

Elle ajoute : « Cela m'a appris le courage jusque dans les petites choses, face aux coups d'épingle de la vie qui peuvent creuser de grandes douleurs, tout à fait inappropriées. On doit réagir sans nous laisser aller à la plainte pour de petits soucis. Il faut vite nous reprendre. Le vrai courage, c'est la gaieté. »

La parole d'Éloïse vous invite à relativiser vos problèmes pour savourer pleinement vos plaisirs du quotidien, et la joie d'être vivant.

Trouvez un réconfort dans une nature animée

De nombreux mythes vous montrent que la nature possède sa propre conscience, comme vous-même possédez la vôtre. Celle-ci vous offre une source de réconfort quand vous en ressentez le besoin.

Inspirée ainsi par la mythologie des chamans amérindiens, qui considère chaque élément naturel comme imprégné d'esprit, Marie, mon amie psychanalyste, dit toujours à ses patients : « Saluez les arbres sur les trottoirs quand vous vous rendez à votre travail ! Il vous suffit de poser votre main sur le tronc d'un arbre et de lui dire “bonjour” dans votre tête. »

Ou bien lorsqu'un patient lui dit : « Aujourd'hui, j'étais content de voir le ciel bleu », Marie lui répond : « Mais le ciel aussi était content de vous voir. »

Elle rappelle ainsi aux gens que la nature possède une conscience vivante, qu'elle n'est pas une pure matière évoluant à côté des êtres humains et n'entretenant aucun rapport avec eux. Marie remarque qu'aussitôt cela soulage ses patients, surtout les plus tristes ou les plus solitaires.

De son côté, Ronald raconte son plaisir à courir parce qu'il admire pleinement le paysage autour de lui : « C'est vraiment un grand moment d'évasion de courir en hiver à la tombée de la nuit dans le bois de Vincennes recouvert de neige ou les Buttes Chaumont à Paris. Trop beau comme spectacle !

» En temps normal, je ne fais pas attention à tous ces détails, je ne me rends pas compte que la nature fait bien les choses. Quand je fais un footing très agréable dans le bois de Vincennes, je suis content de sentir mon cœur qui bat et de contempler les merveilles de la nature. »

Quand vous accédez ainsi à ces prises de conscience, le paysage devient sacré à vos yeux, et vous vous sentez relié à lui, même en plein milieu d'une grande ville.

La nature possède aussi des vertus thérapeutiques. Hervé a trente-cinq ans : après un deuil douloureux, il s'est retiré deux semaines sur une île, et a regardé chaque jour les vagues. Leur murmure semblait sans cesse lui dire : « Ça va aller, la vie continue, elle recommence sans cesse, tu peux te débrouiller seul, ça va aller, l'univers te protège. » Il s'est apaisé en observant les insectes et les plantes... Il s'est même déconnecté de la technologie virtuelle.

Arrêtez les gadgets quelque temps, téléphone, ordinateur portable, Internet... C'est une façon de retourner à la simplicité, et juste de profiter de chaque instant, ici et maintenant.

Ne dépendez pas du regard des autres, comme le fit Achille

Schopenhauer, dans ses *Aphorismes sur la sagesse dans la vie*, conseille de modérer votre sensibilité à l'opinion des autres, de ne faire attention ni aux flatteries ni aux paroles vexantes, car « les deux tiennent au même fil ». Vous vous emprisonnez dans le regard des autres, au lieu d'être sûr de votre valeur par vous-même.

« Chacun vit d'abord et effectivement dans sa propre peau et non dans l'opinion des autres », dit le philosophe, car elle se révèle toujours fausse.

Tenir compte du regard des autres est une folie. Chacun se forge un avis différent, chacun projette son idéal sur les autres, donc se trompe. Vous serez constamment en décalage par rapport à ce qu'on attend de vous, vous ne pourrez jamais satisfaire les autres.

Achille, ce héros dans la mythologie grecque, mettait l'opinion des autres au-dessus de tout. Il a sacrifié son existence pour devenir célèbre. Tant qu'il était vivant, il a accepté d'avoir une vie brève à condition que sa gloire de guerrier soit éternelle. Il a refusé un long bonheur dans l'anonymat, valorisant davantage les regards sur lui.

Mais lorsqu'Ulysse, dans l'*Odyssée* d'Homère, descend aux Enfers et rencontre les fantômes des anciens guerriers, il dialogue avec Achille. Le héros exprime alors d'immenses regrets : il aurait préféré vivre sans gloire, et profiter de l'existence jusqu'au bout !

Si vous vous aimez davantage tel que vous êtes, vous prendrez moins en compte l'opinion des autres. J'ai connu un médecin qui demandait à ses patients de se mettre debout, face à un grand miroir. Essayez ! Face au miroir, dites-vous à haute voix : « Je t'aime. » C'est un exercice très difficile, surtout en présence d'un tiers.

Ses patients éprouvaient d'abord beaucoup de ridicule, puis réalisaient qu'ils avaient du mal à prononcer cette phrase. Une fois qu'ils y parvenaient, ils ressentaient une joie intense. Ce médecin conseillait de recommencer chaque matin, devant votre miroir.

Le but n'est pas de rendre les individus obsédés par eux-mêmes, mais de guérir des blessures intimes, des manques d'amour vécus dans le passé, par exemple. Donnez-vous ce que vous n'avez pas reçu.

De même, plus vous établissez des rapports paisibles avec vous-même, plus vous parvenez à formuler vos besoins personnels, sans laisser les autres occuper toute la place. Exprimez alors davantage ce que vous ressentez vraiment. L'autre ne peut pas le deviner. Vous-même, vous ne savez pas ce qui se passe dans sa tête.

Holga témoigne ainsi : « Je me suis rendue compte que je n'exprimais jamais mes goûts personnels dans mon couple. C'est comme ça, il y en a toujours un qui parle plus fort que l'autre ou qui crie plus fort que l'autre. J'écoutais la musique de mon compagnon, j'allais voir les spectacles qui l'intéressaient, j'achetais les vêtements qui lui plaisaient... Ce n'était pas de sa faute, c'est moi qui avais autorisé cela. Il ne s'en rendait même pas compte. Quand j'ai réussi à le lui expliquer, ça lui a fait un choc ! Mais après, il était d'accord pour améliorer les choses. »

Vous le ferez maladroitement au départ, soit avec trop d'autorité, soit avec timidité. Mais, au fur et à mesure, vous prendrez l'habitude de vous exprimer, vous vous sentirez davantage estimé.

Neutralisez le dieu du changement pour vous centrer sur l'essentiel

Rollo May fustige la passion de notre société pour des nouveautés constantes : vous abandonnez la précédente pour la dernière mode. Vous changez d'objets, de vêtements, parfois d'amours, et même d'opinions.

Le changement risque alors d'être adoré en lui-même, comme un salut à tous vos problèmes. Dès qu'une invention vous est proposée, vous la considérez comme bonne, même si ses aspects néfastes ne se sont pas encore révélés.

La publicité vous incite à cela, le système économique actuel, ainsi que la rapidité des progrès technologiques. Mais vous ne gagnez qu'une illusion de bonheur, et non une joie profonde durable.

Dans la mythologie grecque, Rollo May précise que le dieu marin Protée représente le changement. Dès qu'un danger survenait, Protée se métamorphosait en une forme nouvelle afin de lui échapper : il devenait insecte, arbre ou animal.

Certaines personnalités caméléon modifient sans cesse leur tenue, leur coiffure et leur aspect identitaire : ce sont des personnes protéennes ; c'est un complexe en psychologie théorisé par Robert Lifton.

Ainsi Rollo May voit-il, dans une constante transformation, une manière de fuir votre anxiété ou vos problèmes. Le changement s'apparente alors à une addiction. Il ne mène qu'à des réalisations superficielles, et une solitude psychologique. Il vous divertit, comme l'explique le philosophe Pascal, pour remplir un vide.

Mais, quand les héros grecs parviennent à neutraliser complètement le dieu Protée en le paralysant pour qu'il ne puisse plus changer sa forme, ils obtiennent le droit de lui poser une question sur leur futur ou sur le moyen de résoudre un problème essentiel.

Pour vous délivrer de ces changements infinis, il existe une expression américaine très efficace : « Jetez le gras. » Éliminez le superflu dans votre quotidien, tout ce qui ne fonctionne pas, tout ce qui vous pèse, tout ce dont vous n'avez pas réellement besoin, en termes d'objets, d'attachements éphémères ou d'idées.

Ne gardez que l'essentiel. Pour le dire plus poétiquement avec Rilke : « Il faut avoir oublié le beaucoup, pour l'amour de l'important. » À vous de réfléchir à ce dont vous vous passeriez finalement très bien.

Quand vous « jetez le gras », vous éliminez les couches de changements superficiels, et vous vous interrogez enfin sur les grandes questions humaines, celles qui vous apporteront des réponses apaisantes et vous guideront vers une forme juste de bonheur.

Acceptez vos imperfections, ce sont elles qui suscitent l'amour

Aimez déjà vos propres imperfections, physiques ou dans votre caractère. Au lieu de les combattre, tentez de les accepter comme une partie de vous-même. Le résultat vous surprendra ! Comme l'écrit Montaigne, « parmi nos maladies, la plus sauvage, c'est de mépriser notre être. »

Par exemple, Marie-Julie, une jeune femme de vingt-sept ans, souffrant d'obésité, a cessé de lutter contre son corps. Elle a décidé d'aimer la surcharge de son poids, au lieu de la haïr. Il s'est alors produit en elle une modification inattendue : elle a perdu une dizaine de kilos sans effort. Elle a donné de l'amour à ce qu'elle considérait jusqu'ici comme son plus grand ennemi.

Un mythe celte raconte les malheurs provoqués par un manque d'estime de soi. Le roi Labra le Marin déteste un de ses défauts physiques : il possède des oreilles grandes comme celles d'un cheval.

Il laisse donc pousser ses cheveux pour masquer cette singularité mais, une fois par an, un jeune homme est tiré au sort pour les lui couper, découvrant du même coup le secret du roi. À chaque fois, Labra ordonne la mise à mort du coiffeur afin de protéger son secret.

Une année, le roi se laisse attendrir : la mère d'un jeune coiffeur le supplie tant de laisser son fils unique en vie qu'il accepte. Cependant, Labra menace de tuer le garçon si jamais il parle de ses oreilles à qui que ce soit.

Le jeune homme jure, et rentre sauf chez lui mais, peu de temps après, il tombe extrêmement malade. La fièvre ne le quitte pas. Un druide vient à son chevet et diagnostique ceci : « C'est un secret qui le tue. » Il lui recommande de révéler son secret dans le creux d'un arbre.

Le garçon se lève, rencontre un saule sur son chemin, murmure la vérité à son écorce et s'en retourne chez lui guéri, libéré de ce poids.

Quelque temps après, le barde de la cour, nommé Craftiny, fabrique une harpe avec le bois de ce saule. Le soir même, devant le roi et l'assemblée des nobles, il pince les cordes de sa harpe et, à la stupeur de tous, l'instrument se met à chanter : « Le roi a des oreilles de cheval... Le roi a des oreilles de cheval. »

Labra le Marin réagit avec une dignité magnifique : il rejette en arrière ses cheveux, montre à tous ses oreilles, et ne s'en cache plus jamais. Par la suite, plus aucun jeune homme ne fut mis à mort.

« L'être parfait ne présente aucun intérêt, note Joseph Cambell. Seules les imperfections suscitent l'amour », et déterminent notre humanité. Quand vous contrôlez votre image physique en permanence par peur de déplaire et de ne pas être aimé, vous donnez finalement une mauvaise image de vous. La souffrance, la vieillesse font partie des imperfections de ce monde.

Campbell ajoute que toute perfection ennuie : « Tous les Bouddhas, dit-on, sont parfaits, parfaits et par conséquent semblables... » Il fait allusion au départ du Bouddha, quand il meurt à quatre-vingts ans : ses disciples considèrent alors qu'il rejoint le Nirvana après avoir transmis son enseignement aux hommes. Il se dissout dans un état de pure perfection ; il n'appartient donc plus au monde humain, et ne reviendra plus parmi eux.

À l'inverse, les Boddhisattvas, des saints dans le panthéon bouddhiste, demeurent sous la forme d'esprits parmi les hommes, afin de les guider vers le Nirvana jusqu'au dernier. Ils auraient la possibilité de disparaître dans la béatitude absolue. Mais, parce que les humains leur inspirent de l'amour, ils acceptent de rester dans ce monde terrestre et de partager leur sort imparfait.

Dans un autre registre, si vous attendez que les conditions idéales soient réunies avant d'entamer le projet qui vous tient à cœur, vous ne ferez jamais rien. Mieux vaut commencer par des petits projets qui contiennent beaucoup d'erreurs et de maladresses que ne pas agir du tout. Vous vous améliorerez au fur et à mesure.

Reconnaissez vos limites et celles des autres, à l'image de Gilgamesh

Reconnaître vos limites participe à votre apaisement. Vous acceptez alors ce qui ne peut pas être changé, car une partie de l'existence humaine ne dépend pas de nous.

Un récit vous guide en ce sens : l'épopée de Gilgamesh, écrite par les Sumériens en Mésopotamie, il y a plus de cinq mille ans.

Gilgamesh se comporte en roi arrogant. Il pratique la violence, l'intimidation, et règne sans partage. Sa rencontre avec Enkidou, un homme sauvage créé par les dieux, lui apprend qu'il existe des limites à ne pas dépasser avec autrui.

Au moment où Gilgamesh se prépare à enlever une jeune mariée pour user d'un droit de cuissage, Enkidou se dresse devant lui, furieux de son attitude. Le roi l'affronte dans un combat à mains nues, mais Enkidou se montre aussi puissant que lui. Aucun des deux ne parvient à vaincre l'autre.

Soudain, Gilgamesh arrête le combat et prend Enkidou dans ses bras. Il reconnaît pour la première fois que sa force est limitée ; il considère Enkidou comme son frère.

Une amitié profonde naît entre eux. Ils partagent ensemble des aventures héroïques.

Enkidou possède un naturel doux et bon : il influence le roi en positif. De tyran, Gilgamesh se transforme en un seigneur meilleur.

Cependant, Enkidou meurt tragiquement, victime d'une vengeance divine. Désespéré par cette perte, Gilgamesh prend conscience des limites de sa vie humaine. Comme son ami, il mourra.

Il se lance alors dans une quête d'immortalité, persuadé de la mériter par ses efforts extraordinaires, mais il échoue. Il reconnaît une seconde fois les bornes de sa puissance. Il accepte la mort et de profiter, auparavant, de l'existence avec ses joies éphémères.

Gilgamesh revient ensuite dans son royaume et règne longtemps comme un grand sage sur les habitants de sa cité, avec amour et bienveillance.

Quand vous reconnaissez vos limites, vous jugez moins celles des autres, moralement ou physiquement. Quand un être aimé, par exemple, vous révèle tout à coup des défauts inacceptables à vos yeux, vous vous confrontez à une désillusion. Mais, si vous l'acceptez, vous accédez à une nouvelle profondeur dans votre union avec l'autre.

« Enfant, j'ai toujours idéalisé mon papa, raconte Clémence. Souvent absent car épris d'indépendance et passionné par sa profession, j'ai passé mon enfance à l'attendre, l'espérer et l'admirer. Je l'ai plus imaginé que côtoyé. Malheureusement, j'ai dû apprendre à grandir sans image paternelle concrète et sans sa présence rassurante au quotidien, ce qui a certainement eu beaucoup d'impact sur mes relations de couple par la suite. J'ai depuis une fâcheuse tendance à idéaliser l'homme que j'aime et à fuir la réalité de la relation... [1] »

En réponse à ce problème, Jung vous recommande de voir l'autre tel qu'il est, d'enlever ce masque de vos idéaux et de vos attentes que vous posez sur son visage, sans même vous en rendre compte. Alors vous l'observez avec ses limites. C'est à ce moment-là que commence vraiment l'amour.

Si vous pensez aimer très fort une personne, mais que vous lui demandez constamment de changer, votre relation ne durera pas ou bien elle sera une source de déception constante.

Puisque vous ne pouvez façonner l'autre, cherchez plutôt ses côtés positifs. Observez comment ces derniers s'équilibrent avec des limites négatives à vos yeux. Si la balance

1. Témoignage paru dans le magazine *Mieuxpourmoi*, « Trouver d'urgence votre héros », juillet 2011.

entre les deux vous convient, savourez les bonheurs partagés en laissant de côté vos reproches.

Développez votre compassion pour fertiliser la Terre Vaine

Ouvrez-vous à la peine des autres, pas seulement à votre groupe d'amis ou à ceux qui vous ressemblent le plus. Vous deviendrez un homme ou une femme de cœur.

Dans le mythe de Parzival, écrit par Wolfram d'Eschenbach, le chevalier est censé poser une question simple pour guérir le roi du Graal, victime d'une blessure physique entre les cuisses. Le royaume entier du Graal subit, comme son seigneur, une grande douleur : le sol ne produit plus de légumes ni de fruits ; c'est une Terre Vaine, inutile et sèche.

Pour rendre le bonheur à tous et la fertilité à cette terre, Parzival doit simplement demander au roi : « De quoi souffres-tu ? » Cette question seule répandrait cet amour qui compatit à la douleur de l'autre. Mais Parzival n'ose pas la poser, par souci des convenances, par peur d'être impoli ou ridicule.

Par la suite, il sera châtié et subira d'immenses épreuves avant d'être remis en présence du roi du Graal et de le sauver enfin, en formulant cette parole de compassion.

Cette Terre Vaine et ce roi meurtri symbolisent la vie courante lorsque vous n'ouvrez pas votre cœur aux souffrances d'autrui. À l'inverse, vous fertilisez de nouveau cette terre et vous pansez des plaies, en les prenant en compte.

Par exemple, Leyla, quand elle était adolescente, refusait d'accepter les sentiments de ses proches : « Je me rappelle de mes amis qui sont venus chez moi pour mes dix-huit ans. Ils m'ont fait une surprise quand j'étais malade. Même si pendant cette période-là, j'avais un caractère terrible et je ne cherchais pas mes amis, ils m'ont vraiment rendue heureuse. Quelques années plus tard, j'ai réalisé la même chose pour mon amie Chiara, j'ai passé plusieurs jours à son chevet quand elle a été très malade, au bord de mourir. Je voulais la rendre heureuse et lui donner un peu de force pour lutter contre la maladie... »

Recevoir de la compassion vous apprend à en éprouver pour les autres : les sentiments se transmettent ainsi, de parent à enfant, d'ami à un autre ami, et même d'un inconnu envers un étranger.

Au contraire, quand vous vous refermez sur votre malheur, tout devient gênant : la proximité d'un enfant, le bruit, le soleil, les autres... Plus rien n'est supportable, car vous vous êtes senti cruellement abandonné.

Mais votre vie devient une Terre Vaine, une terre de rancune, de rage, ou de tristesse. La seule solution consiste à vous ouvrir à nouveau, et toujours plus, pour écouter les autres, pour pardonner ce qui est le plus impardonnable à vos yeux, pour vous détacher du passé.

Dans la mythologie chinoise, Guanyin est « Celle qui entend les prières, les plaintes et les pleurs ». C'est la déesse de la compassion en Chine, qui soulage les souffrances humaines en exauçant les prières. Elle s'incarne même régulièrement dans un corps humain pour venir en aide à ceux qui en ressentent le besoin !

Toutes ces images spirituelles fortes montrent la qualité la plus haute du héros : l'amour désintéressé pour un autre que lui-même.

La romancière Anaïs Nin déclare de même : « Le seul alchimiste capable de tout changer en or est l'amour. L'unique sortilège contre la vie routinière, la vieillesse, c'est l'amour », contre la haine aussi, la douleur ou le rejet des êtres différents de vous.

Cheminez sur le sentier étroit entre le désir et la crainte

Tous, nous avons le désir de posséder notre conjoint, nos amis, notre famille, notre santé, le pouvoir, la réussite, ou de l'argent... et cela génère en nous la peur de les perdre. Pourtant, toutes les mythologies et les spiritualités nous enseignent que rien ne demeure sous sa forme actuelle, même si nous souhaitons le contraire.

Dans la mythologie grecque, Médée devient folle de rage lorsque son amoureux, Jason, la quitte pour une autre femme. Elle accomplit une vengeance extrême : elle tue ses propres enfants, nés de son union avec Jason, et elle empoisonne la nouvelle compagne du héros. Médée incarne l'envie de détruire les autres, quand ils sont à l'origine de votre plus grande souffrance.

Mais quand vous cessez de vous considérer comme le possesseur légitime des gens et des choses, vous cessez de craindre leur perte ou de désirer une vengeance. L'univers vous les offre pour un temps seulement : il vous les prête.

Personne ne vous appartient et vous n'appartenez à personne. Ces offrandes n'ont qu'un temps, remerciez de les avoir reçues, savourez-les à la minute même. Votre vie est un cadeau au quotidien.

La déesse hawaïenne Hi'iaka offre un modèle contraire à Médée. Son amant, le beau Lohiau, a été tué par sa propre sœur, la déesse du volcan Pele, qui était jalouse de leur amour. Pele avait été auparavant l'amante de Lohiau et aurait souhaité le garder pour elle.

Folle de rage, Hi'iaka creuse la terre, traverse les différentes strates du monde souterrain pour partir en quête de l'âme de Lohiau, afin de le ressusciter.

Au moment où elle atteint la dixième couche, un dieu l'avertit : si elle va plus loin, les eaux du chaos se déverseront sur le monde et éteindront le volcan de Pele, au point de la tuer.

Hi'iaka renonce alors à son intérêt personnel et à se venger de sa sœur, car elle ne veut pas mettre en danger le monde à cause de sa douleur. Pour la récompenser, Lohiau revient malgré tout sur terre, et s'unit à elle.

Comme le précise Joseph Campbell, « *via*

le désintéressement, on se libère de son moi ; et en se libérant de son moi, on se libère du désir et de la crainte ».

Et si, pour certaines douleurs, vous commenciez à penser que ce n'est pas si grave après tout ? Léa témoigne ainsi : sa première relation amoureuse avec un homme avait échoué car elle était obsédée par la jalousie. Elle ne faisait aucune confiance à son compagnon.

Pour sa relation suivante, elle décida que ça ne la concernait pas. Si une infidélité arrivait, elle ne se poserait pas la question, ne souhaitait pas le savoir et, après tout, cela n'avait pas tellement d'importance à côté de l'amour qu'elle construisait pour la vie avec ce nouveau conjoint. Sa relation dure toujours.

Penser ainsi demande des efforts. Joseph Campbell recommande de passer entre le désir de posséder et la peur de perdre : c'est comme une porte étroite à franchir, un véritable exploit humain.

Il propose l'image du « sentier aussi affûté que le fil du rasoir, périlleux, et difficile à traverser », donnée par la mythologie des *Upanishad.* Le sage passe par ce sentier. Cette image contient aussi un avertissement : trop de passion ou trop de peurs vous feront tomber du chemin aussi fin qu'un fil de rasoir.

C'est une voie dangereuse, mais vous recevrez une récompense immense : vous trouverez le ravissement malgré la peine, la dureté et les angoisses ; vous prendrez conscience que votre vie prend sa source dans ce ravissement.

Marchez dans la beauté avec une lampe intérieure

La beauté est un besoin vital ! Contre le stress ou les souffrances que vous traversez, la beauté procure une source d'apaisement, c'est un temps de repos loin de toute quête. Parfois, elle donne même des solutions à vos questionnements. Surtout, elle vous place dans un état intérieur différent, au-delà de tout ce que vous expérimentez habituellement.

Chaque jour, profitez de chaque seconde de douceur, dit mon amie psychanalyste Marie, prenez un rendez-vous avec de la beauté. Savourez quelques minutes un paysage, une fleur dans un jardin en ville, l'eau qui s'écoule, un bâtiment à l'architecture élégante, un visage magnifique ou un corps aimé, des enfants qui rient, une œuvre d'art, ou même entrez dans un lieu d'une grande spiritualité comme un temple, une mosquée...

Joseph Campbell donnait cet exemple : quand vous passez la porte d'une église en pleine ville, vous sentez que vous êtes dans une autre réalité. C'est aussi simple. Vous ne vivez plus dans le monde de la rue bruyante, du bus bondé, de l'agitation moderne, mais vous êtes dans un lieu de calme.

Vous contemplez des performances humaines, car les œuvres d'art en sont une. Vous vous sentez ému ou apaisé : vous marchez littéralement dans la beauté.

Quand vous ressortez dans la rue, vous réalisez que l'existence humaine est comme un immeuble. Plus vous montez à un étage élevé, plus les appartements sont lumineux et la vue dégagée, plus vous semblez flotter au-dessus des soucis quotidiens.

Il existe ainsi différents niveaux d'existence, accessibles à tous. Plus vous vous rendez dans les étages élevés de votre conscience, plus vous vous épanouissez, parce que vous ne vivez plus seulement pour gagner de l'argent, payer le loyer, faire les courses, et vous offrir des loisirs ; vous vivez aussi pour expérimenter ce qui est beau au cœur de l'existence.

Vous avez évolué du niveau matériel au niveau spirituel. Même quand vous redescendez dans le quotidien, vous gardez en vous quelque chose de cette élévation, source de joie véritable.

Vous entrez en harmonie avec ce chant des Amérindiens navajos, traduit par Étienne Ret :

> « Je marche avec joie.
> Je marche avec une lampe intérieure [...]
> avec la beauté devant et derrière moi
> et la beauté sur les côtés et tout autour
> je puis marcher et finir en beauté. »

QUELQUES RÉFÉRENCES UTILES

AMANIEUX Laureline, *Ce héros qui est en chacun de nous*, Paris, Albin Michel, 2011.

ARRIEN Angeles, *Les Quatre Voies de l'initiation chamanique*, Paris, Véga, 2004.

BRUNEL Pierre (dir.), *Dictionnaire des mythes féminins*, Monaco, Éditions du Rocher, 2002.

BRUNEL Pierre (dir.), *Dictionnaire des mythes littéraires*, Monaco, Éditions du Rocher, 1988.

BRUNEL Pierre, *Le Mythe de la métamorphose*, Paris, Armand Colin, 1974.

CAMPBELL Joseph, *Mythologie et épanouissement personnel*, Paris, Oxus, 2011.

CAMPBELL Joseph, *Des mythes pour se construire*, Paris, Oxus 2011.

CAMPBELL Joseph, *Le Héros aux mille et un visages*, Paris, Oxus, 2010.

Campbell Joseph, *Puissance du mythe*, Paris, Oxus, 2009.

DOSSEY Larry, *Recovering the Soul. A Scientific and Spiritual Approach*, New York, Bantam Doubleday Dell, 1997.

ELIADE Mircea, *Aspects du mythe*, Paris, Gallimard, collection « Folio », 1996.

ELIADE Mircea, *Le Chamanisme et les techniques archaïques de l'extase*, Paris, Payot, 1951.

HUSAIN Shahkrukh, *La Grande Déesse-Mère*, Paris, Albin Michel, 1998.

GRAVES Robert, *Les Mythes celtes : la Déesse blanche*, (1948), Monaco, Éditions du Rocher, 1995.

GRAVES Robert, *Les Mythes grecs* (1967), Paris, Hachette, coll. « Pluriel », 2007.

MAY Rollo, *Le Courage de créer. Reconnaître ses talents, s'engager et se remettre au monde* (1975), Montréal, Marcel Broquet, 2009.

MAY Rollo, *The Cry for Myth*, New York, Norton, 1991.

MAY Rollo, *Le Désir d'être. Psychologie existentielle*, Paris, EPI, 1971.

MAY Rollo, *Amour et volonté*, Paris, Stock, 1971.

PROGOFF Ira, *Le Journal intime intensif*, Montréal, Éditions de l'Homme, 1992.

ZIMMER Heinrich, *Le Roi et le Cadavre. Les*

mythes essentiels pour la reconquête de l'intégrité humaine, Paris, Fayard, 1972.

ZIMMER Heinrich, *Les Philosophies de l'Inde*, Paris, Payot, 1953.

ZIMMER Heinrich, *Mythes et symboles dans l'art et la civilisation de l'Inde*, Paris, Payot, 1951.

TABLE

Mise en pages PCA
44400 Rezé

Achevé d'imprimer
en mars 2012
par Corlet imprimeur
14110 Condé-sur-Noireau

Imprimé en France
Dépôt légal : mars 2012
N° d'impression : 144977